U0626329

漢隸字源
（第一册）
UESTCP
电子科技大学出版社

图书在版编目（CIP）数据

汉隶字源：全 2 册 / (宋) 娄机撰 . -- 成都：电子科技大学出版社，2017.10
ISBN 978-7-5647-5231-6

Ⅰ . ①汉… Ⅱ . ①娄… Ⅲ . ①汉字－古文字学－研究 Ⅳ . ① H162

中国版本图书馆 CIP 数据核字 (2017) 第 258603 号

汉隶字源（全 2 册）

（宋）娄机 撰

策划编辑　刘　愚　杜　倩
责任编辑　刘　愚

出版发行　电子科技大学出版社
　　　　　成都市一环路东一段 159 号电子信息产业大厦九楼　邮编 610051
主　　页　www.uestcp.com.cn
服务电话　028-83203399
邮购电话　028-83201495

印　　刷　虎彩印艺股份有限公司
成品尺寸　185 mm×260 mm
印　　张　46.25
字　　数　400 千字
版　　次　2017 年 10 月第 1 版
印　　次　2017 年 10 月第 1 次印刷
书　　号　ISBN978-7-5647-5231-6
定　　价　1600.00（全 2 册）

出版説明

現代漢語用『圖書』表示文獻的總稱，這一稱謂可以追溯到古史傳説時代的河圖、洛書。在從古到今的文化史中，圖像始終承擔着重要的文化功能。傳説時代的大禹『鑄鼎象物』，將物怪的形象鑄到鼎上，使『民知神奸』。在《周易》中也有『制器尚象』之説。一般而論，文化生活皆有與之對應的物质層面的表现。在中國古代文獻研究活動中，學者也多注意器物、圖像的研究，如《詩》中的草木、鳥獸，《山海經》中的神靈物怪，《禮儀》中的禮器、行禮方位等，學者多畫爲圖像，與文字互相印證，成爲經學研究中的『圖説』類著述。至宋元以後，庶民文化興起，出版業高度發達，版刻印刷益發普及，在普通文獻中也逐漸出現了圖像資料，其中廣泛地涉及植物、動物、日常的物質生産程序與工具、平民教化等多個方面，其中流傳至今者，是我們瞭解古代文化的重要憑藉，通過這些圖文並茂的文本，讀者可以獲得對古代文化生動而直觀的感知。爲了方便讀者閱讀，我們將古代文獻中有關圖像、版畫、彩色套印本等文獻輯爲叢刊正式出版。

本編選目兼顧文獻學、古代美術、考古、社會史等多個種類，範圍廣泛，版本選擇也兼顧了古代東亞地區漢文化圈的範圍。圖像在古代社會生活中的一大作用爲促進平民教化，即古人所謂的『圖像古昔，以當箴規』，（語出何晏《景福殿賦》）明清以來，民間勸善之書，如《陰騭文》《閨范》等，皆有圖解，其中所宣揚的古代道德意識中的部分條目固然爲我們所不取，甚至應該是批判的對象，但其中多有精美的版畫，除了作爲古代美術史文獻以外，也可由此考見古代一般平民的倫理意識，實爲社會史研究的重要材料。

本編擬目涉及多種類型的文獻，茲輯爲叢刊，然亦以單種別行為主，只有部分社會史性質的文本，因爲篇卷無多，若獨立成册則面臨裝幀等方面的困難，則取同類文本合爲一册。文獻卷首都新編了目録以便檢索，但爲了避免與書中内容大量重複，無謂地增加篇幅，有部分新編目録較原書目録有所簡略，也有部分文本性質特殊，原書中本無卷次目録之類，則約舉其要，新擬條目，其擬議未必全然恰當。所有文獻皆影印，版式色澤，一存古韻。

《漢隸字源》總目録

六卷（宋）婁機 撰 明末清初毛氏汲古閣刊本

第一册

第二册

第一册目録

漢隸字源序

漢隸字源六帙

檇李婁君彥發所輯也其書

甚清其抒意甚勇其考賾甚

精其立說甚當其沾丏後學

甚篤凡見諸石刻若壺鼎刀
鏡盆槃洗甓著錄者三百有
九起東京建武訖鴻都建安
殆二百年濫觴于魏者僅卅
而一光和骨立開元贔屓點

畫之鑪錘法度之実與假借之同而異發縱之簡而古合蔡中郎諸人筆力通神之妙皆聚此編憶吾兄文惠公自壯至老躭癖

弗懈嘗區別為五種書曰釋曰纘曰韻曰圖曰續四者備矣唯韻書不成以為蠹蝎目力於摹寫至難[illegible]且〻而求之字〻而倣之雖衆史堵廧

孫甥魚貫不堪替一筆也功
之弗就使獲覩是書且悉循
其隸釋次第志之所底不謁
而同正應愯然起立興不得
並時之歎彥發曩歲有班馬

字類实過諸家漢史之學予
嘗序之矣今此帙刋於高明
臺方通守吾州朱墨鮮暇趣
了官事竟輒蕭然一室中厮
輿側睨但見其放策欠伸搔

頭揩眼而用心獨苦之狀固所不克知奕發泝學有原委工詞章身端行治名最三吳而諸公貴人不解收拾使周鼎幹弃与康瓠等予頃備侍

從承

清問於燕閒宣昭聲光宜不

辭費顧亦不能一出諸口心

焉負愧聊復再暢敘以自釋

云慶元三年十二月朔旦野

處洪景盧序

漢隸字源綱目

攷碑

漢碑凡三百有九漢而下不載獨魏大饗碑相傳為梁鵠書上尊號奏為鍾繇書受禪表劉禹錫以為王朗文梁鵠書鍾繇鐫字脩孔子廟碑圖經云梁鵠書三體石經遺字為蔡邕書大饗記殘碑亦疑為鍾繇書凡九晉碑字畫稍佳者堇一二而

止今並列于目或晚出未見者俟詢訪續之

碑之先後當按以年月而三百九碑無年月者什五六歐陽文忠公集古録歐陽叔弼集古録目趙德夫金石録雖雜他碑皆以所得先後爲之次洪文惠公獨釋隸古亦隨得隨載而卷第所紀固已整然今悉循之而以續得者附於其後

諸碑所立之年可攷者著各碑下無者闕

諸碑所存之地以水經集古録集古録目金石録天下碑録諸道舊録墨寶圖經攷證參以隸釋隸續所辨及諸書校定最後得王氏復齋碑目題識所出不同者並著之

分韻

每字先眞書其上循禮部韻之叙禮部韻無者以廣韻集韻附見其下并說

文之義

凡字禮部諸韻亦作通作或作通用與某字同者各隨字眞書于下

辨字

凡一字而有數體以碑目之次眞書于旁不載碑之名氏而以碑目之數著之慮字之繁也

諸碑屢用字循碑目之次首出者載之餘不復見

諸碑字或假借或省文盡以本文著字下又㠯說文集韻諸字書參證或非假借非省文義當作其字者亦載本文以明義所當用

凡諸碑假借省文字經子史漢諸書所有者附于下

凡字體及偏傍諸碑常用而韻所不能載者悉傳著牘尾

漢隸字原總目
三
汲古閣

碑目

一

孟郁脩堯廟碑

永康元年立在濮州集古作堯祠祈雨碑

二

帝堯碑

熹平四年立在濮州

三

成陽靈臺碑

建寧五年立在濮州雷澤堯母慶都感赤龍而生堯後葬慶都名曰靈臺上立黃屋集古作堯母祠碑

四

靈臺碑陰

五

高朕脩周公禮殿記

初平五年立初文翁爲蜀郡立學安帝永初中火災被焚獻帝時太守高朕重脩立之今

碑在成都府學禮殿東南柱上形方上下小其木堅若金石木碑傳遠者唯此爾集古并録目並誤作石柱天下録去鍾會書

六

孔廟置卒史碑

永興元年立在兗州仙源縣張稚圭嘉祐中題去鍾繇書隸釋考鍾繇之卒去永興七十八年圖經非也

七

韓勑造孔廟禮器碑

威帝中年立在兖州闕里祖庭記有威帝中年韓勑脩孔子墓碑在墓林中當是此碑歐公去前世見於史傳未有名勑者按繁陽令楊君碑陰亦有柱勑則在漢非獨韓名勑也勑雖本音徠去聲說文勞也攷之碑韓字叔節程字伯嚴其義非勞徠之徠當讀與飭同漢碑范史多用勑字盖是時上下皆通用初無拘也

八

韓勑碑陰

九

韓勑脩孔廟後碑

威帝中年立在兗州

十

史晨祠孔廟奏銘

建寧二年立在兗州金石去魯相晨有兩碑

在廟中其一去蒙恩受任符守即此碑也

十一

史晨孔廟後碑

在兖州闕里記不錄此碑而有碑陰攷文意
疑是前碑之陰金石作建寧元年當是二年
前碑之後

十二

西嶽華山廟碑

延熹八年立在華州華陰縣

十三

西嶽華山亭碑

光和二年立在華州

十四

樊毅復華下民租碑

光和二年立在華州碑久堙沒唐興元元年

華陰令盧傚求得而爲之記八分書於碑末

集古録目作脩西嶽廟復民頌

十五

樊毅脩華嶽碑

光和二年立在華州

十六

東海廟碑

熹平元年立在海州隸釋云京口將士往來朐山者云海廟一椽不存今不復見此刻矣歐公時天下一家漢碑雖在遐陬窮谷無脛而可至集古録中已屢言難得況今乎

十七

桐柏淮源廟碑

延熹六年立録目云在鄧州天下録云在唐
州或云在隨州棗陽桐柏鎮

十八

殽阬君神祠碑

光和四年立在華州集古云碑文磨滅初不
可辯以麩填其刻稍尋點畫鐫治之乃可讀

十九

殽阬碑陰

隸釋云漢隸之神品

二十

老子銘

天下碑録云在衛真縣太清宮延熹八年威帝夢見老子而祀之于時陳相邊韶演而爲銘金石云舊傳蔡邕文并書盖杜甫苦縣光和之詩啓之周越書苑遂以爲韶撰文而邕書初無所據

二十一

孫叔敖碑

延熹三年立在光州固始縣碑額楚相孫君之碑諱饒字叔敖固始令陂君架廟立碑未畢遷長掖太守期思縣宰段光刻石世人因碑而遂知叔敖之名

二十二

孫叔敖碑陰

二十三

仙人唐公房碑

在興元府不知所立年月太守郭芝脩廟為

此碑墨寶云在城固縣西北三十里集古作
公昉

二十四
唐公房碑陰

二十五
張公神碑
和平元年立在衛州黎陽天下録云在通利
軍衛縣

二十六

三公山碑

光和四年立在真定府石氏集古以爲北嶽碑金石云恐歐公未見其額

二十七

無極山碑

光和四年立在真定府

二十八

白石神君碑

光和六年立在真定府

二十九

何君閣道碑

建武中元二年立在雅州墨寶云見於滎經縣以適卭莋之路也出於紹興辛未隸釋云東漢隸書斯爲之首

三十

趙君羊竇道碑

永初六年立在眉州墨寶云在嚴道縣東三十里

三十一

司隸校尉楊君石門頌

建和二年立在興元府華陽國志云楊君名渙集古作楊厥開石門頌隸釋云故司隸校尉楗爲楊君頌漢中太守王升立碑云司隸校尉楊君厥字孟文水經及歐趙皆謂之楊厥碑蜀中晚出楊淮碑云司隸校尉楊君厥諱淮大司隸孟文之元孫也始知兩碑皆以厥爲語助此乃後政頌其勳德故字之而不

名墨寶云褒地縣北五里磨崖

三十二

廣漢長王君石路碑

建和二年立在漢州隸書表字爲額

三十三

李翕西狹頌

建寧四年立在成州墨寶云磨崖在同谷縣

翕爲武都太守建寧三年到郡明年以西狹

中道危難阻峻緣崖下有不測之谿數至顛

覆霣隧之患翕勑衡官有秩李瑾減高就埤
平夷正曲柙致土石堅固廣大可以夜涉民
歌頌之今碑是也又明年則架析里橋郙閣
治西坂山天井道見於刻畫者凡三必心乎
惠民者

三十四

李翕黽池五瑞碑

在成州碑後題云君昔在黽池脩崤嶔之道
德治精通致黃龍白鹿之瑞故圖畫其像刻

於頌前金石作碑陰

三十五

李翕析里橋郙閣頌

建寧五年立興州磨崖集古録目作李會

三十六

周憬功勲銘

熹平三年立在韶州樂昌廟内與郴州接界

集古云碑文磨滅名不可辯圖經但云周使

君後漢書無傳及得碑陰方知名憬題云神

漢獨此碑爾

三十七

周憬碑陰

碑有曲紅十七人水經云瀧水南逕曲江縣東縣昔號曲紅山名也漢史皆作曲江金石云自是當時縣名

三十八

槀長蔡湛頌

光和四年立在真定府

三十九

溧陽長潘乾校官碑

光和四年立在建康紹興十三年溧水尉喻仲遠得之固城湖中

四十

梁相孔耽神祠碑

光和五年立在亳州永城縣孔君自作歸藏之地而其子銘之字殊怪古前六十字作四行書額之下自左而右字最大其後頓小末

又有五十餘小字

四十一

成陽令唐扶頌

光和六年立在濮州雷澤縣碑首之旁又刻題名二十餘字

四十二

巴郡太守張納功德叙

中平五年立在重慶府碑云張得姓應天文二十八舍張宿與柳敏碑所云柳宿之精同

議者以爲不典其年月則見于碑陰

四十三

張納碑陰

按功德敘盖掾屬李元等所作而碑陰皆不以門生故吏名第直書其職耳

四十四

酸棗令劉熊碑

在東京酸棗縣篆額鈌堇有棗令劉字碑云諱熊水經云字孟陽光武玄孫廣陵王之孫

俞鄉侯之季子歐公不知在酸棗以爲俞鄉侯季子碑蔡　書唐王建題此碑詩云蒼苔滿字土埋龜風雨消磨絕妙辭不向圖經中舊見無人知是蔡邕碑

四十五

劉熊碑陰

凡百八十人皆不載郡邑

四十六

謁者景君墓表

元初元年立在濟州石磨滅不見名字東漢墓闕自都尉始爲文則自景君始文章緣起云墓碑自晉始非也

四十七

景君碑陰

首行題諸生服義者五字稱義士一人餘皆稱弟子

四十八

郯令景君闕銘

元和四年立在濟州集古作景君石椁銘

四十九

國三老袁良碑

在東京扶溝良以順帝永建六年二月卒孫衛尉滂立此石滂光和中爲相其作九卿當在靈帝之初水經誤以良爲梁天下録良一作貢

五十

北海相景君碑

漢安二年立在濟州任城縣

五十一

長史武斑碑

建和元年立在濟州任城縣東漢多門生故吏爲立碑惟武斑柳敏二碑則同舍爲之集古作漢斑碑以不知其姓氏也金石云余所藏本額題云敦煌長史武君之碑

五十二

從事武梁碑

元嘉元年立在濟州任城縣金石云崇寧初
得此碑完好後十餘年則缺其最後四字矣

五十三

平都侯相蔣君碑

永興元年立在道州

五十四

孔謙碣

永興二年立在兗州集古金石作孔德讓碣

孔子二十世孫

五十五

郎中鄭固碑

延熹元年立在濟州任城縣學

五十六

議郎元賓碑

延熹二年立在亳州碑無額不見其姓石多殘缺復不知其名元賓蓋字也

五十七

中常侍樊安碑

延熹三年立在唐州碑後又刻安贈騎都尉

詔

五十八

冀州刺史王純碑

延熹四年立在鄆州中都縣水經作王紛

五十九

山陽太守祝睦碑

延熹七年立在應天府虞城縣

六十

泰山都尉孔宙碑

延熹七年立在兖州集古云孔子十九世孫金石云孔北海父也漢碑凡有額首行即述其文無額則於首行題其官與姓而後入詞如樊安碑張納功德叙是也至此碑既有篆額又於首行復題篆額之字他未之見也

六十一

孔宙碑陰

碑額篆門生故吏名五大字漢碑陰無額獨

此爾

六十二

祝睦後碑

延熹九年立在應天府虞城縣

六十三

荆州刺史度尚碑

永康元年立在徐州湖陵荒野政和壬辰巡

檢王當世遷于官廨劉宗儀立之使星亭

六十四

車騎將軍馮緄碑

永康元年立在渠州墨寶作達州與馮煥神道馮煥殘碑碑陰告馮煥詔馮緄墓雙排六玉單排六王李翊碑李翊夫人碑是邦雄桀碑無字碑城垻碑皆在渠州流江縣達州永睦縣之間鄭靄先在夔路得之故墨寶作達州實渠州境

六十五

沛相楊統碑

建寧元年立在陝府閿鄉震墓側碑殘缺集古云失其名字以楊震碑攷之則知其爲統

六十六

楊統碑陰

碑後有沛君門生知爲統碑陰

六十七

竹邑侯相張君碑

建寧元年立在單州

六十八

衛尉衡方碑

建寧元年立在鄆州碑云伊尹稱阿衡因而氏馬衡立碑亦云

六十九

冀州從事張表碑

建寧元年立諸道録云在澶州府衙都廳上集古金石隸釋云在冀州碑皆四言末四句五言悉屬韻

七十

金鄉長侯成碑

建寧二年立在單州單父縣墓側

七十一

孝廉柳敏碑

建寧二年立在忠州

七十二

淳于長夏承碑

建寧三年立在洛州州衙金石云元祐間因治河堤得之刻畫完好如新隸釋云隸體奇

怪

七十三

郎中馬江碑

建寧三年立在濟州

七十四

真令劉脩碑

建寧四年立在南京天下録云在穀熟縣門

外夫子廟集古金石隸釋及諸道録云在下

邑縣

七十五

博陵太守孔彪碑

建寧四年立在兗州集古云孔子十九代孫

其名字不可見金石云君諱彪字元上

七十六

孔彪碑陰

七十七

北軍中候郭仲奇碑

建寧五年立在孟州濟源縣隸釋云漢隸之

神品

七十八

故民吳仲山碑

熹平元年立在東京碑額作故民吳公不著名仲山字也穆延年於宣和間得之

七十九

司隸校尉魯峻碑

熹平二年立在齊州州學水經作魯恭天下錄云蔡邕書

八十

廣漢屬國侯李翊碑

熹平二年立在渠州詳見馮緄碑下

八十一

玄儒婁先生碑

熹平二年立在光化軍碑云字元考南陽隆人集古云余爲乾德令自穀城界中遷之乾德縣敕書樓下圖經爲翟先生碑公以書問王洙原叔證以李陽冰篆文方知先生婁姓

也

八十二

玄儒婁先生碑陰

八十三

繁陽令楊君碑

熹平三年立在陝府閿鄉碑前缺二十九字不知其名止存弟富波君之少子也按楊震碑長子牧富波侯相牧子統金城太守沛相以是知繁陽令即震之孫牧之子統之弟也

八十四

楊君碑陰

八十五

堂邑令費鳳碑

熹平六年立在湖州碑文體與張表碑相類

八十六

費鳳別碑

在湖州前碑無名字世系　見于此碑金石

作碑陰非也

八十七

太尉陳球碑

光和二年立在淮陽軍水經云下邳陳球墓

前有三碑弟子管寧華歆等造

八十八

陳球碑陰

八十九

陳球後碑

光和二年立在淮陽軍

九十

童子逢盛碑

光和四年立天下録云在濰州俗云董孝碑元在昌邑政和三年徐修之遷于倅治之墨妙亭漢人書碑其式不一此碑字行或踈或密若楊太尉碑則畫方井井景北海碑則以重文附于旁孔梁相碑則首行尚左華嶽碑則文出其列間或隔行或空字近世藏碑者欲便於展翫往往皆剪裁聯屬不復見古人

之制矣

九十一

逢盛碑陰

盛年十二而夭門人孫理等爲立碑碑陰有縣中士大夫又有家門生

九十二

安平相孫根碑

光和四年立在密州隸釋云此碑體豐而埶逸不類他漢碑唐韓蔡輩盡得此

九十三

孫根碑陰

碑有中軍督疑非漢官又有大中十四人殆

不可曉字畫頗類晉隸

九十四

涼州刺史魏元丕碑

光和四年立在濰州

九十五

司隸從事郭究碑

中平元年立在河陽天下錄云在濟源縣前
世碑碣但書子孫而不及兄弟此碑獨載兄
弟甚詳

九十六

幽州刺史朱龜碑
中平二年立在亳州水經云龜光和六年卒
于官故吏牟化中平二年造

九十七

外黃令高彪碑

中平二年立紹興十四年平江守王㬇取上

郭外得此碑移寘郡齋石已糜爛中平二年

字不復有矣隸釋云即文苑傳高彪

九十八

太尉劉寬碑

劉寬字文饒弘農華陰人中平二年二月薨

四月葬故吏李謙等立碑据藝文類聚云亘

麟撰碑在西京洛陽縣東觀餘論云在上東

門外官道北洛陽尉射圃中寶刻亭內蔡邕

書

九十九

劉寛後碑

碑在西京與前碑文亦相犯門生商苞作

一百

小黃門譙敏碑

中平四年立在冀州東觀餘論云何籀以爲

蔡中郎書在棗強縣北十七里

一百一

圉令趙君碑

初平元年立在鄧州名字俱不存

一百二

巴郡太守樊敏碑

建安十年立在雅州隸釋云在黎州墨寶云盧山縣

一百三

益州太守高頤碑

建安十四年立在雅州嚴道縣

一百四

綏民校尉熊君碑

建安二十一年立在道州名字俱不存

一百五

梁相費汎碑

碑在湖州無年月其中云鳳由宰府至堂邑令九江太守適孫玓感奚斯之義刋銘立石隸釋云鳳碑云孝孫字元常生不識考妣追惟厥祖恩則鳳之子巳早卒此所謂玓乃九

江之子集古云在南京非是

一百六

高陽令楊著碑

在陝府碑不載名字按震碑次子讓讓子著高陽令則知其爲著也碑又無年號其中云遭從兄沛相憂去官繼之以不憖遺之語沛相以建寧元年卒考之長曆必建寧元年也

一百七

楊著碑陰

一百八

光祿勳劉曜碑

在鄆州須城縣碑云君諱曜字季尼蓋孝文

枝冑石損不見年月

一百九

太尉楊震碑

在陝府閿鄉震以延光三年卒此碑乃震孫

沛相統之門人陳熾等所立蓋在建寧以後

也沛相建寧元年卒震卒已四十餘年矣

一百十

楊震碑陰

集古云漢碑陰題名或稱故吏門生弟子或稱從事曹掾皆著邑里名字此碑但直書河間賈伯錡之類百九十人皆然疑是字爾盖後漢時人見於史傳無名兩字者

一百十一

荊州從事苑鎮碑

碑無歲月金石不載或云在襄州

一百十二

執金吾丞武榮碑

在濟州不見年月碑云遭威帝大憂戚哀隕而亡當在靈帝時也

一百十三

督郵斑碑

在徐州無額諱斑字子翁不知其姓石斷亦不知其所終之年月

一百十四

浚儀令衡立碑

在鄆州額云衡君碑云其先出自伊尹與衡

方碑同集古作元節

一百十五

戚伯著碑

在宿州隸釋云嘉祐中浚汴得之非建武三

年即章和元年也碑云冑周别封氏衛戚邑

而爲姓焉集古云不知爲何人集古録目作

周伯著亦謂非姓金石作戚

一百十六

趙相雝勸闕碑

在劒州墨寶云歲月不可考金石雝作雝

一百十七

先生郭輔碑

在襄陽穀城縣水經云先生字甫成有孝友悅學之美其女爲立碑無年月不知何代人集古云字甚古蓋漢碑也金石云字畫疑魏

晉時書隸釋是趙說

一百十八

相府小史夏堪碑

在亳州酇縣碑無卒葬年月

一百十九

李翊夫人碑

在渠州詳見馮緄碑下夫人姓臧碑云於戲

夫人臧侯苗焉

一百二十

雒陽令王稚子闕二

在成都府漢書循吏傳王渙字稚子闕不載

年月按史卒於元興元年

一百二十一

交阯都尉沈君神道二

在梁山軍

一百二十二

益州太守高頤闕二

建安十四年立在雅州嚴道縣其一作高頤

字貫方其一無名字貫光隸釋云舊所見無光字近世所補兩者皆頤之闕也

一百二十三

幽州刺史馮煥神道

永寧二年立在渠州詳見馮緄碑下煥馮緄之父

一百二十四

馮煥殘碑

在渠州詳見馮緄碑下僅存永寧二年四數

字餘皆磨滅按史子緄傳建光元年死永寧

二年七月改建光元年

一百二十五

馮煥碑陰

在渠州詳見馮緄碑下

一百二十六

鉅鹿太守金君闕

在雲安軍

一百二十七

益州太守楊宗墓道

在嘉州

一百二十八

清河相張君墓道

一百二十九

不其令董恢闕

在濟州或云雙闕一云童恢琅邪人詳載韻

上聲董字下

一百三十

廣漢緜竹令王君神道

建寧元年立在涪州金石誤以緜字爲縣字又以竹字合令字爲苓又合劉讓閣道題字爲一碑

一百三十一

江原長進德碣

延熹三年立在忠州隸釋云在蜀州江原縣長諱就字進德復齋碑目作進德闕

一百三十二

上庸長司馬孟臺神道

在漢州復齋碑目作上庸長闕墨寶云上庸長司馬君孟臺神道

一百三十三

高直闕

在雅州凡九字漢故高君諱直字文王漢人題墓有云神道有云墓道有云闕惟高頤及今碑第書姓名字

一百三十四

處士金恭闕

在雲安軍　一百三十五

金恭碑

在雲安軍　一百三十六

韋氏神道

在均州　一百三十七

張賓公妻穿中二柱文

建初二年立在眉州碧雞出廠紹興丁丑武陽城東彭山之上掘得之

一百三十八

石經尚書殘碑

熹平四年立在西京靈帝紀云詔諸儒正五經文字刻石于太學蔡邕傳云帝從邕與馬日磾所請正定六經文字刊石太學石高一丈廣四尺陸機洛陽記云碑凡四十六多毀

但有書易公羊論語而禮記盡毀不存北齊
徙于鄴都半沒于水隋復載入長安亂作營
繕者以爲柱礎而隋志以謂後漢刻七經於
石皆邕所書與紀傳所載不同唐魏鄭公收
聚之十不存一

一百三十九

石經魯詩殘碑

一百四十

石經儀禮殘碑

一百四十一

石經公羊殘碑

一百四十二

石經論語殘碑

水經云光和六年立石于太學其上悉刻蔡
邕名

一百四十三

學師宋恩等題名

碑凡二一列經師經掾一列文學師諸曹掾

史在成都府府學禮殿高公石室東外壁

一百四十四

賜豫州刺史馮煥詔

元初六年立在渠州詳見馮緄碑下

一百四十五

費亭侯曹騰碑陰

延熹三年立在亳州

一百四十六

廣漢屬國辛通達李仲曾造橋碑

延熹七年立在雅州

一百四十七

廣漢太守沈子琚緜竹江堰碑

熹平五年立在漢州墨寶云在緜竹縣緜江

堰側光武廟中

一百四十八

鄭子真舍宅殘碑

熹平四年立在雲安軍

一百四十九

金廣延母徐氏紀產碑

光和元年立在雲安軍

一百五十

都鄉正衛彈碑

中平二年立在汝州水經云平氏縣城內有南陽都鄉正衛彈勸碑又魯陽縣有南陽都鄉正衛爲碑舊録作衛彈在葉縣金石作街彈在汝州界故昆陽城中文字磨滅不可考隸釋作衛彈以金石作街彈爲誤

一百五十一

舜子巷義井碑

在隨州石皆皴剥字畫難辯可見者有光和三年字知爲漢碑許覺之元祐中爲郡守以五大夫爲秦爵題詩其上指爲秦碑誤矣金石作魏殘碑

一百五十二

義井碑陰

金石作魏殘碑陰稱分子者六十餘人

一百五十三

武梁祠堂畫像

在濟州刻古帝王忠臣義士孝子賢婦各以小字識其旁或有爲之贊者凡百六十有二人其石六其五則橫分爲二金石作武氏石室畫像

一百五十四

四老神位神祚机

金石作四皓神位神胙几刻石四在惠帝陵

傍字畫蓋東漢時書

一百五十五

麒麟鳳凰碑

在濟州碑陰有記云永建元年山陽太守河内孫君新刻瑞像米元章畫史謂此圖半篆半隸題詩云非篆非科璞巳凋

一百五十六

劉讓閣道題字

建寧元年立在涪州隸釋云相傳在蜀中閣

道

一百五十七

詔賜功臣家五字

在成都府墨寶云郭氏犂地得之又有小石一刻永平五年四字甃井雜之壁間今不存

一百五十八

中部碑

在均州領三字曰中部碑碑云諸曹掾史功曹主簿嗇夫者蓋縣吏如漢世碑陰謂之中

部未曉

一百五十九

趙相劉衡碑

中平四年立在齊州歷城縣

一百六十

富春丞張君碑

在亳州無年月隸釋云張君之名髣髴如湏字土人以爲張湛非也其閒云三年癸亥景命不祥東漢三癸亥皆非三年疑是西漢復

齋碑目謂地志順帝分會稽置吳郡富春屬
馬令碑除吳郡下缺當在順帝之後為富春
丞三年而卒爾

一百六十一

郎中郭君碑
無名字可攷

一百六十二

廣漢屬國都尉丁魴碑
元嘉元年立在巴州

一百六十三

南陽太守秦頡碑

中平三年立在襄陽府宜城縣故牆篆額漢故南陽太守秦君之碑隸釋云歐陽趙皆云惟存其額予所得者猶有八十餘字内有光和三年字蓋述前事也天下録云有二碑一在宜城一在南陽界水經載秦頡爲南陽守過宜城見一家駐視云可作冢頡卒喪還至此車不進故吏市此宅葬之知此爲頡碑也

一百六十四

魯相謁孔廟殘碑

在兗州無名姓石氏題爲駐蹕亭前斷碑金

石目有魯相謁孔子碑疑即此

一百六十五

平原東郡門生蘇衡等題名

在兗州孔里駐蹕亭

一百六十六

謚州太守無名碑

威帝中年立

一百六十七

益州太守碑陰

一百六十八

吉成侯州輔碑

威帝中年立在汝州舊録云在龍興縣水經云滍水南有吉成侯州苞冢冢前有碑詞與今碑同而以輔爲苞誤矣

一百六十九

州輔碑陰

一百七十

司空宗俱碑

熹平二年立在鄧州金石云後漢書宋均族子意意孫俱靈帝時爲司空嘗得宗資墓獸刻字知均以下皆當作宗列傳轉寫爲宋誤也

一百七十一

太丘長陳寔壇碑

在亳州永城縣即古之太丘石殘闕止存八
九十字無年月金石云非蔡邕書而字亦奇
偉

一百七十二

縣三老楊信碑

和平元年立在忠州墨寶作金溪楊信碑

一百七十三

益州太守城壩碑

在渠州詳見馮緄碑下蜀人謂之城壩碑

書圖經云曹子建文鍾繇書隸釋云碑有不
明者唐大中年亳守李暨再刻故可讀

一百七十八

魏公卿上尊號奏

延康元年立在潁昌府集古云唐賢多傳爲
梁鵠書今人爲鍾繇書未知孰是

一百七十九

魏受禪表

黃初元年立在潁昌府臨潁縣魏文帝廟內

集古云世傳爲梁鵠書而顔真卿以爲鍾繇書劉禹錫嘉話云王朗文梁鵠書鍾繇鐫字謂之三絕

一百八十

魏脩孔子廟碑

黃初元年立在兖州嘉祐中郡守張稚圭按圖經云陳思王曹植詞梁鵠書

一百八十一

魏橫海將軍呂君碑

黃初二年立在鄧州南陽舊録云夏侯湛文

一百八十二

范式碑

在濟州漢獨行傳范式字巨卿或云蔡邕書法書要録唐李嗣真作書品云蔡公諸體惟范巨卿碑風華艷麗古今冠絕隸釋誣之以爲藻鑒之謬金石云以碑考之乃魏青龍三年立非邕書也

一百八十三

張平子碑

永和四年立在鄧州水經云是崔瑗之辭隸釋云晉南陽相夏侯湛作字畫僅可觀故附于隸釋之末

一百八十四

郎中王政碑

元嘉三年立在濟州集古録目以字季酺爲季輔金石爲光和元年立非是

一百八十五

平輿令薛君碑

延熹六年立亡名字

一百八十六

司徒掾梁休碑

天下録云襄州穀城有司徒掾梁君碑建安

二十七年立

一百八十七

防東尉司馬季德碑

碑上残缺下云故山陽卒史防東守尉司馬

留字季德今題從隸釋

一百八十八

中山相薛君成平侯劉君斷碑

金石云碑不完惟存上一段而題額尚全云漢故益州刺史中山相薛君巴郡太守宗正卿成平侯劉君碑古無兩人共立一碑者惟此爾

一百八十九

司空殘碑

政和乙未西洛天津橋下得之片石纔五行
四十五字字徑二寸
一百九十

處士嚴發殘碑
碑刓缺無年而有月日
一百九十一

新莽候鉦
地皇二年作紹興中出於金州後在毗陵胡
承公家

一百九十二

耿氏鐙

延光四年作

一百九十三

五君桮柈文

宣和殿藏碑錄爲漢碑名曰真人君石樽刻

石與四老神祚机刻石同帙

一百九十四

征南將軍劉君神道

一百九十五

司農劉夫人碑

漢太尉許彧之室也碑之立在光和之前隸釋載復齋嘗與邵偉過許氏家見水濵一石視之則許君殘碑也邵常之宜與人遂載以歸

一百九十六

掾杜峻等題字

在高公石室總目作先生任君等題名今不

見任君字

一百九十七

舉吏張玄殘碑

三公山碑稱馮君爲舉將高彪碑稱文君爲舉將令碑則自稱舉吏漢碑堇此三者

一百九十八

永元十六字

在永康軍蔡追刻記云在范功平磨崖之西五十餘步去地數寸蔡追得磨崖後十日其

子武仲始見此十六字而摹之復齋碑目作
永元六年攻石題

一百九十九
雒陽稚子六字
在成都府雒陽先置稚子六字雒陽二字在左闕南先置二字在右闕非盖書於闕之椽首

二百
漢平楊府君叔神道

在綿州八字字爲一紙盖刻於石闕椽首墨寶云平楊必姓名如建平太守之類叔其字也隸釋止載平楊府君叔神六字

二百一

建平郫縣碑

建平五年立乾道初始出在永康過紫屏二里道傍其石三面高卑凸坳刻隨其埶即蔡迨刻記所謂范功平磨崖也復齋碑目作建平范功平治道碑

二百二

巴官鐵盆銘

永平七年作在夔州金石作鐵量銘魯直謂之秦篆隸續云誤也

二百三

太尉劉寬神道二

二百四

丹陽太守郭旻碑

光和二年立

二百五
祝長嚴訢碑
和平元年立無額政和中下邳縣民耕地得之

二百六
龍門禹廟宗季方題名

二百七
米巫祭酒張普題字
熹平二年立在嘉州墨寶云洪雅磨崖復齋

碑目作張普施天師道法記

二百八

武君闕銘

建和元年立在濟州無姓字官稱

二百九

韓勑孔林別碑兩側題名

沈虞卿名爲韓勑碑兩側題名

二百十

功曹史殘畫像

二百十一

雍丘令殘畫像

二百十二

成王周公畫像

雍丘令畫像與此二碑朱希真云齊魯間漢公卿墓中物

二百十三

會稽東部都尉路君闕

永平八年立

二百十四

頻陽令宋君殘碑

二百十五

魏三體石經左傳遺字

水經云魏正始中刻碑今在洛陽皇祐癸巳蘇望所刻蘇云漢靈帝以經籍文字穿鑿疑誤後學詔諸儒讎定五經命蔡邕書古文篆隸三體鐫石立於太學今不存近於故相王文康家得左氏傳搨本取其完者刻之凡八

百一十九題曰石經遺字范史紀曰五經蔡
邕張馴傳則曰六經

二百十六

魏下豫州刺史脩老子廟詔
黃初三年立在亳州集古作太清東闕題名

二百十七

魏甄皇后識坐板函

二百十八

魏大饗記殘碑

黃初三年立隸續云饗借作嚮碑在長安瑶臺寺謂之鍾繇殘碑姑傳疑以俟知者

二百十九

晉右將軍鄭烈碑

太康四年立

二百二十

司空孔扶碑

建寧元年立闕里祖庭記孔林有司空孔扶碑金石作魯相謁孔子冢文

二百二十一

武都太守耿勳碑

熹平三年立在成州同谷縣界字與郙閣頌相類乾道間方出

二百二十二

孝子嚴舉碑

延熹七年立在梁山軍碑云為父行喪服制踰禮隸續云蜀人謂之浮瀾灘記不知何義

二百二十三

嚴舉碑陰

碑有主吏督郵八先書其姓於主吏督郵之上而繼之以諱某字某他碑所未有

二百二十四

南安長王君平鄉道碑

永元八年立嘉州夾江縣涇口磨崖復齋碑目作平鄉明亭開道碑

二百二十五

武都太守李翕天井道碑

建寧五年立在成州李翕爲郡二年之間鑿
崖治西狹路架析里橋又治西坂山天井道
凡三碑皆存

二百二十六

武都丞吕國巴下題名
在成州天井碑碑側仇靖書文

二百二十七

司隸校尉楊淮碑
熹平二年立在興元府隸續云此碑紹興中

始出方知大司隸楊孟文不名厥墨寶云磨崖

二百二十八

膠東令王君廟門斷碑二

在濟州金石以膠東為膠水雜之漢刻中隸續云中有魏后實天所授之語豈膠東是其祖廟沒於漢代故題以漢云

二百二十九

涪陵太守龐宏神道

在緜州

二百三十

韓勑孔廟後碑陰

威帝中年立

二百三十一

劉寛碑陰門生名

集古云寛以漢中平二年卒至唐咸亨元年裔孫湖城公奭以碑歳久皆仆于野爲再立之隷釋云隷釋所輯劉公二碑斯爲踔絕

二百三十二

劉寬故吏名

中平二年立於雒陽道

二百三十三

王純碑陰

其首行題諸門生人名五字凡百九十三

二百三十四

魯峻斷碑陰

二百三十五

司空殘碑陰 二百三十六

孔子見老子畫象 二百三十七

孝子董蒲闕

永寧二年立 二百三十八

豫州刺史路君闕二

永平八年立

二百三十九

王稚子二闕畫像

在成都府接史王渙字稚子卒於興元元年

前有闕二

二百四十

沛相范皮闕

在劒州

二百四十一

鄧君闕畫象

在劒州

二百四十二

無名人墓闕畫象

二百四十三

太守張景題字

光和六年立在高眹石室梁上

二百四十四

博士題字

在高眹石室中

二百四十五

洪農太守張君題字

在高眹石室中

二百四十六

高眹石室六題名

成都府學禮殿刻於梁楹石壁間

二百四十七

永平甎文

永平八年作

二百四十八

汝伯寧甎文

建初三年作

二百四十九

曹叔文甎文

建初七年作

二百五十

謝君墓甎文

元和三年作

二百五十一

永初甎文

永初元年作

二百五十二

定陶鼎款識

二百五十三

延光銅壺款識

延光四年作

二百五十四

元嘉刀銘

元嘉四年作

二百五十五

騶氏二鏡銘

二百五十六

李氏鏡銘

二百五十七

中平獸洗款識

中平三年作

二百五十八

脩官二鐵盆款識

在嘉州

二百五十九

晉銅澡槃款識

泰始元年作

二百六十

董氏二洗款識

二百六十一

石經儀禮殘碑

二百六十二

成臯令任伯嗣碑

熹平七年立金石云在汜水縣輦運司廨舍

壁間亦有碑陰

二百六十三

漢安長陳君閣道碑

永建五年立在資州内江縣

二百六十四

馮君開道碑

和平元年立

二百六十五

廷尉仲定碑

熹平元年立

二百六十六

文範先生陳仲弓殘碑

額題云漢文範先生陳仲弓之碑金石云蔡邕書碑之立當在中平三年

二百六十七

公乘校官掾王幽題名

永熹元年立淳熙二年邛州蒲江縣僧寺治地得之古無此年號復齋碑目作公乘校官掾王幽闕

二百六十八

交阯刺史石羊字

在郴州止五字刻於墓道石羊膞上

二百六十九

永初官墼文

永初七年作眉人掘武陽故城得之

二百七十

黃龍甘露碑

墨寶云建安二十四年黃龍見武陽赤城蜀人以為劉氏瑞應凡二碑大小不侔碑首皆有黃龍甘露之碑六字甚偉其内無一可辯在眉州彭山縣即漢武陽縣地也碑首有十九字又一小碑亦題黃龍甘露之碑其首云

惟建安二十六年餘皆磨滅本朝人題云時以甲辰歲治平元年三月二十七日轉移此碑碑陰亦多漫滅存者上兩横每横三十人隸釋云崇寧中為王時彥所磨以刻其說

二百七十一

黃龍碑陰

二百七十二

景北海碑陰

凡三列後一列下云行三年服者凡八十七

人西漢皆以日易月故斬杖執禮者必特書

之蓋當時孝子所不能為而施之於師資恩

地為可尚也

二百七十三

唐扶碑陰

二百七十四

封丘令王元賓碑陰

延熹四年立集古作脩廟碑陰金石作王元

賞

二百七十五

繁長張禪等題名

二百七十六

帝堯殘碑陰

二百七十七

魯峻石壁殘畫象

在濟州水經云金鄉山司隸校尉魯君冢前有石祠石廟四壁刻書契以來忠臣孝子烈婦孔子及七十二子形象

二百七十八

伏尉公墓中畫象

在資州内江縣蜀人謂之燕王墓人物未知何据隸釋云漢碑書太尉太守太字皆無點字書有伏字與太同音注云海中地名从人从犬者則是倚伏之伏此碑所云伏尉即太尉公也

二百七十九

荆州刺史李剛石室残畫象

熹平元年作水經云鉅野有荆州刺史李剛
墓有祠堂石室四壁隱起君臣官屬龜龍麟
鳳之文金石無此隸釋云自來好古之士未
見此碑
二百八十
丹陽太守郭旻碑
二百八十一
封丘令王元賔碑
延熹四年立集古金石並作元賞隸釋云元

實字畫分明非是測度

二百八十二

冀州從事郭君碑

光和三年立碑殘闕不見名字

二百八十三

尉氏令鄭季宣碑

中平三年立名已殘闕季宣字耳

二百八十四

鄭季宣碑陰

横刻篆八字於其上曰尉氏處士故吏人名

二百八十五

陳度碑

中平四年立

二百八十六

禹廟残碑

二百八十七

真道冢地碑

延熹七年立在萬州

二百八十八

司空掾陳寔殘碑

中平五年立蔡邕書

二百八十九

太尉郭禧斷碑

光和二年立禧郭躬從孫史附于躬傳

二百九十

張休崕涘銘

延熹二年立或作磨崖險路銘

二百九十一

厍彰長田君斷碑

熹平六年立在華州華陰縣厍彰東西漢史

皆作厍章

二百九十二

堵陽長劉子山斷碑

建寧元年立子山字也其名疑是松字

二百九十三

孟郁堯廟碑陰

碑云刊碑勒諜此碑皆載仲父祖兄弟子孫

所歷所終之官獨有一董永爲異姓

二百九十四

堯廟左側題字

二百九十五

宗俱碑陰

額篆門生立碑人名六大字

二百九十六

汝南上蔡令神道

在閬州蜀人謂之汝南令闕

二百九十七

侍中楊文父神道

二百九十八

殷比干墓四字

水經云朝歌縣牧野比干冢前有石銘隸云殷大夫比干之墓今只四字復不完石公弼跋云殷比干墓四字在今衛州比干墓上世傳孔子書然隸始於秦非孔子書必矣字畫

勁古當是漢人書

二百九十九

右侍無名人墓闕

光和三年立

三百

卓女羅鳳墓闕

三百一

氏石虎刻字

光和七年作

三百二

延年榑字

永初七年造

三百三

尉府靈壁塼文

陽朔四年作

三百四

晉南鄉太守司馬整碑陰

泰始四年立

三百五

青羊鏡銘

銘云青羊作竟四夷服多賀國家民息胎虜殄威天下復風雨時五穀孰得天力文與騶氏鏡並同但第二句少人字末句少四字羊即陽字如歐羊之類也餘字畫悉同

三百六

楊君殘碑

碑云當劉項之際有楊武者家于茲邦奕世

載德扶而復興碑多殘缺名字不存獨有六

年字上缺不可考

三百七

開通褒斜道碑

永平九年立在興元府紹熙甲寅帥章德茂

得之於褒斜谷中

三百八

江州夷邑長盧豐碑

建安七年立蜀人謂漢夜郎碑

三百九

酒泉題名

碑九列每列三十二人

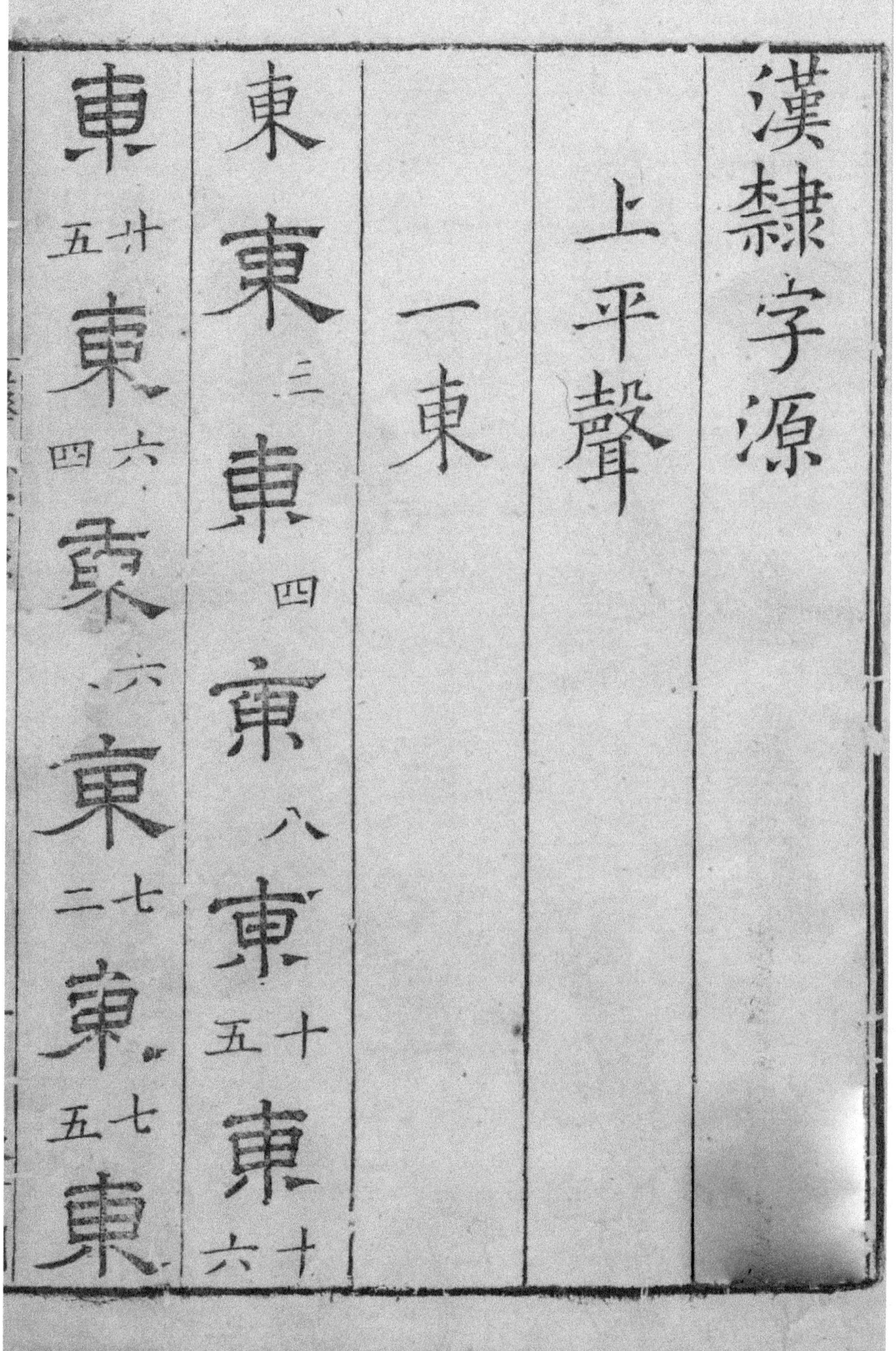

漢隸字源

上平聲

一東

東 東三 東四 東八 東十五 東十六

東廿五 東六四 東六 東七二 東七五 東

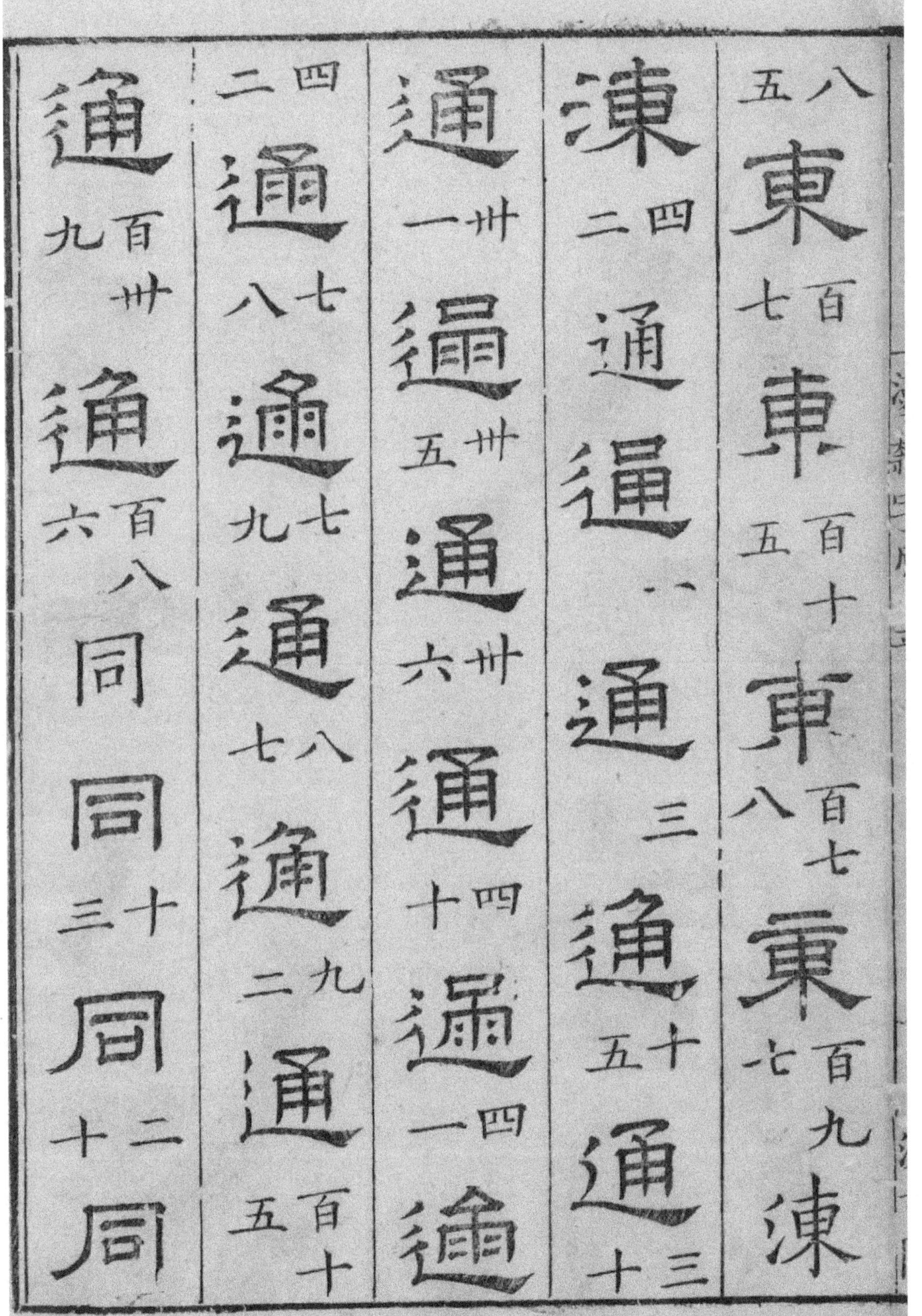

八五東百七東百十五東百七八東百九七涷
涷四二通一通三通十五通三十
通卅一通卅五通卅六通四十通四一通
四二通七八通七九通八七通九二通百十五
通百卅九通百八六同同十三同二十同

四一同六四同七二同二百十九童卅九童

八一董不其令丨君闕天下碑錄云濟州有童恢墓石闕碑東漢循吏有童恢傳盖以丨為童其詳見董字下僮

僮張公神碑縣白鹿兮從仙丨義作僮

桐十七桐橦百七七橦潼潼五鮦

鮦六五鮦二百卅一篭龍四十蓬蓬八一

逢八五逢八六梵衛彈碑||泰稷義作逢蒙蒙

十蒙廿一蒙三十蒙卅六蒙四四蒙五十蒙

百十五蒙百七九蔥廿七蔥蔥二百五聰

聰五六聰九十聰百十八聰百十九聰二百

十九洪十五洪六九洪百八三紅紅

卅六紅百四鴻鴻一鴻三六鴻五六鴻

六四鴻六五鴻六八鴻八六鴻百七鴻百九十

鴻百卅八鴻百七九空六空空七空

卅一空七八空百卅九公公六公十三公北五

公卅六公四一公七八公八六公百四公

百四二 公 百五四 公 百九五 公 二百三 公 二百五

功 功 一 功 卅六 功 四五 功 四六 功 八六

功 百十五 功 百卅八 功 百五七 功 百九八 公 樊安

碑吕丨德加位特進義作功 工 工 一 工 十五 工 百九一

工 二百十九 公 按陳敬仲至齊為工正掌百工之官也陳球碑作丨正盖借用

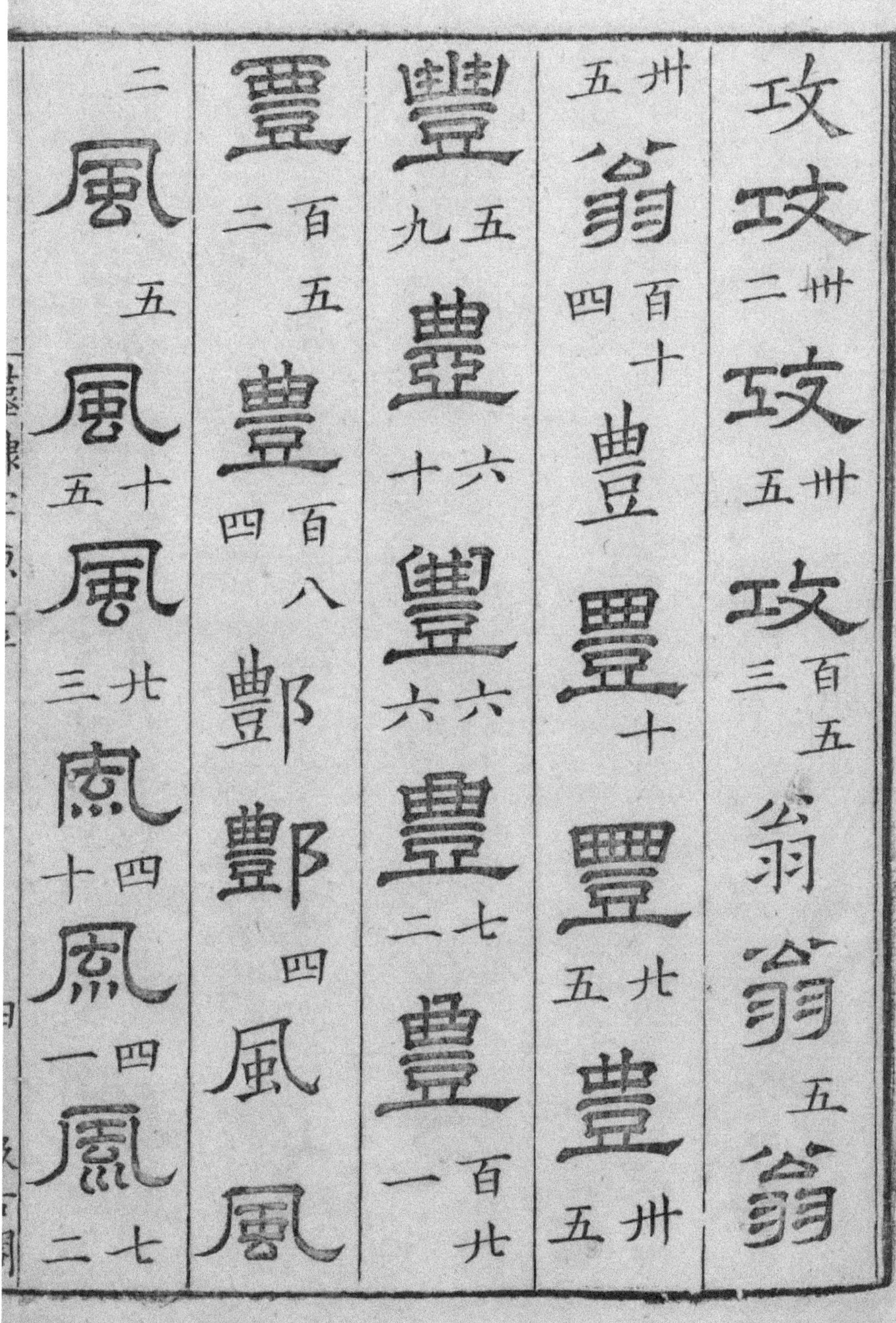

攻
攻卅二
攻卅五
攻百五三
翁
翁五
翁卅五
翁百十四
豊
豐十
豐北五
豊卅五
豐五九
豐六十
豐六六
豐七二
豐百北一
豐百五二
豐百八四
酆
酆四
風
風二
風五
風十五
風北三
風四十
風四一
風七二

風八六風百四風百五風百十風百八十風百八三
馮十三馮十九馮九六馮百卄三嵩嵩
七嵩九九嵩二百十九嵩二百八三充充十四
充十五充四三充九二充百五十終終
二十終六十終七二終百四終百四二終百五三

戎 戎六十 戎九四 戎九九 戎百七九 戎百八一

崇 崇三 崇卅四 崇卅七 崇卅六 崇四一

崇百四 崈衷良碑勉丨漢書郊祀志封丨高古崇字 中 中七 中卅三 中卅五 中卅八 中七二 中八六

中九七 中百十五 中百卅八 中二百九一 仲

華山廟碑丨宗之世重使使者持節祀馬
盖以宣帝為丨宗柳敏碑盖五行星丨北
八舍柳宿之精皆借丨為中

衷 衷 七五 忠 忠 北一

忠 五十 忠 五五 忠 五七 忠 七二 忠 七九 忠

百四三 忠 百五三 中 呂君碑呂丨勇顯名義作忠勇 蟲

㞢 卅一 㞢 四一 沖 沖 二十 沖 百九八 隆

隆二隆九隆十三隆北七隆卅一隆

卅二隆六九隆八九隆百四隆百六二融融

北八融五九融六二融六九融九八融百八二

融二百十九誦武梁祠堂畫象祝丨氏無所造爲以丨爲融雄

雄六雄卅九雄四五雄百八一熊熊四

熊四四熊百四熊百七九弓弓八弓

百七七弓百八四躬太丘長陳君碑云君諱寔字仲丨諸書皆字陳

君曰仲弓獨此碑作丨始是借用躳躬三躬三十三躬

十七躬卅五躬卅六躬四十躳四六躬五十躳

六七躳六九躳百五躳百十五躬百四二宫

宮四
宮十九
宮卅九
宮百四三
穹
穹三
穹七一
穹百七十
窮
窮六
窮卅六
窮五十
窮六九
窮九四
窮九九
窮百六
窮百十
窮百七九
窮百八六
窮二百十九

二冬

冬 冬十三 冬十五 冬卅三 冬卅六 農

農六 農十五 農二十 農卅一 農百四 農

百九五 農 清河相張君墓道碑卯丨漢人用字有假借者有通用者有奇古者有變易偏旁及減省者此字農上安西顔之推論鼓外設皮離側配禹咸以世俗為非張守節亦謂直是譌字而今隸字皆宗然盖各是一家之書不可一說定也

宗十三 宗卅九 宗五六 宗百廿七 宗百卅八

宗百七五 賓六四 賓百七五 琮 琮十

三 鍾

鍾 鍾廿一 鍾卅九 鍾七二 鍾九六 鍾百五三

鐘 鐘四二 鐘八三 鐘九九 衝 衝卅二 衝

二百十九 充 楊厥碑益域為丨義作衝 縱 縦 卌六 蹤 蹤

四一 蹤 八五 蹤 八六 縱 袁君碑發丨於平陽義作蹤 從 楊著

碑追丨曾參繼迹樂正即蹤字 縦 郭仲奇碑云有山甫之丨魯峻碑云比丨

約產夏承碑云紹丨先軌石門頌云君其繼丨皆以丨為蹤按蕭何傳發丨指示獸

處漢人固多借用 松 松 十九 松 廿二 松 八十 松 八六

從 従三 従十一 従十三 従三廿 刅廿七 従

三十 𨑨廿九 従廿九 䢔四十 従四九 従五六 従八十

従百六二 鋒 鋒百七九 烽 烽二百十九 逢虫

逢虫五 夆虫百十九 重 重廿一 重卅七 龍 龍

二 龍五 龍十三 龍卅一 龍四一 龍五六 龍九七

龍百七八 龍百四六 龍 龍四十 容 容卄一

容卅三 容卅九 容六四 容九二 容九四 容九六

容百四 容百十五 容百八三 庸 庸五七 庸

九五 鎔 鎔百八九 封 封卄一 封卄七 封百五

逢 逢十三 縫 縫郭旻碑彌丨褎當作縫 恭亦作共

恭十三 巷十四 恭廿一 巷四二 恭四三 恭

五七 恭 六十 㳟 六十 恭 百十八 恭 百十九 恭 百卌四

恭 百卌五 巷 百卌八 共 石經尚書殘碑徽柔懿｜懷保小人按史

記屈原傳｜承嘉惠讀曰恭 供 供十三 共 石經尚書殘碑惟正之｜

漢書嚴助傳以奉千宮之｜春秋左氏傳王祭不｜皆讀曰供 共 供 苑鎮

碑靖丨衛上義作共 龔 龔卅七 龔四一 龔四三 龔

百五二 龐二百十九 匈或作匈 匈百七九 兇 兇

百六二 訩 訩卅六 詾六九 雝亦作雝 雍一

雝六 雝十五 雝十七 雝卅一 雝四一 雍四五

雝六十 雍八十 雍九二 雝百十九 雝百四九 雝

百八三廱高頤碑時丨義作雍灉灉百四七廱廱

史晨祠孔廟奏辟丨即辟雍邛邛廿九邛百七七

四江

江江十五江廿一江廿四江七九江八六紅

周憬碑陰宰曲丨者一人貫曲丨者十六人

熊君碑同兩漢書皆作曲江諸家地理書皆

云水流屈曲故曰曲江獨水經云縣昔

號曲紅山之名也不知水經何所據云

邦

邦一邦十三邦卅六邦四四邦四九邦五十邦七七

邦九二邦百七四𨛜百七九

龐龐九九龐二百廿九

逄逢六一逢九一

厖庬六八

雙雙九

雙百十二隻吳仲山碑節度無丨義本無雙今从省文

幢

撞 會峻石壁殘畫象|矛義作幢 橦百七七 瀧 瀧卅六

五支

支 支卅九 支百四 支百八四 枝 枝十五 枝

枝四一 枝四二 枝四四 氏七十 㔾 施百七三

施八五 施九二 施百四二 炊 炊一 裛 裛

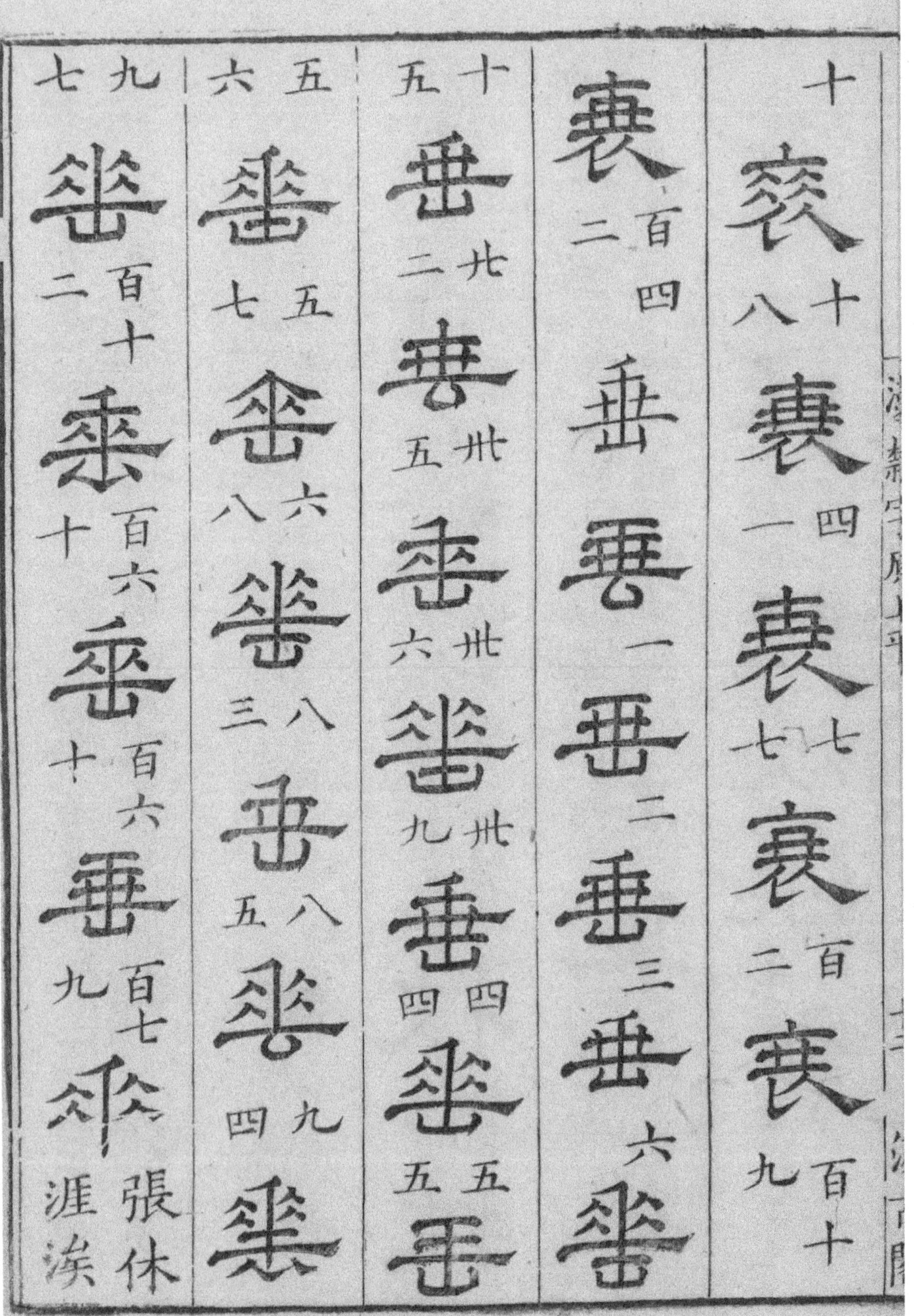

十

衰 十八 衰 四一 衰 七七 衰 百二 衰 百十九

衰 百四二 垂 一 垂 二 垂 三 垂 六 垂

十五

垂 卌二 垂 卌五 垂 卌六 垂 卌九 垂 四四 垂 五五 垂

五六

垂 五七 垂 六八 垂 八三 垂 八五 垂 九四 垂

九七

垂 百十二 垂 百六十 垂 百六十 垂 百七九 垂 張休涯涘

銘鮮不丨涶即垂字 𠂹 孔宙銘殁丨令名 兒 兒六六 斯 斯

十三 斯 十五 斯 卅三 斯 四九 斯 五六 斯 五九 斯 百八十

貲 貲 百七四 訾 徐氏紀產碑丨業義作貲 訾 訾 卅六

隨 隨 二十 隨 三十 隨 卅一 隨 卅六 隨 卅六 隨

四一 隨 四四 隨 五十 隨 八五 隨 八九 隨 二百五

隋 殽阬君神祠碑其祀丨廢集韻云隋文帝省隨之辶以為代號而史傳巳多假用此字
隋 百六九 隋 百八三 知 知一 知三 知 二十
知 卌三 知 六四 知 七十 知 七八 知 九二 知 百四 知 百十五
知 百四二 摛 摛 五六 馳 馳 廿二 馳 百七七
馳 二百十九 池 十三 池 十五 池 廿一 池 百四七 離

離四　離五　離七　離二十　離四十　離四二　離八六

離百五三　羅七四　羅二百十九　離馬江碑遭丨漢碑多以丨為羅

孋　孋百十七　羸　羸七七　披　技廿一

陂　陂百四七　波孫烋敹碑丨障源潒義作陂　碑　碑二

碑廿一　碑四一　碑六五　碑六八　碑八六　碑九二

碑百四碑百十六皮四二皮四五郫郫

二百一郫二百十九縻縻卅六縻五八卑卑

十三卑十五卑卅九卑九六卑百七七埤李翕碑減

高就丨義作卑裨裨九二裨百八一俾李翕碑丨閣兩山辟

立隆崇義作裨埤唐扶頌相丨助義作裨彌集韻或作弥彌

三彌六彌七彌卅一彌卅二彌卅六弥四三

彌六九彌八三彌八六彌百七移百八二移五七移

七七移八三移百五移百五三蛇委蛇自得亦作迤禕

隮衡方傳｜｜在公即委蛇出韓詩內傳遙迆逢盛碑當遂｜

｜盖委蛇義借用逶虵費鳳碑陰君有｜｜之節氏古作衹示衹

十五祇十七祗卅六禔四一衹百九祇百五三技孫叔敖碑見丨首蛇爾雅枳首蛇謂有兩首丨不端也集韻皆音示蓋借用祁祁七十岐十二岐卅九岐八一岐百四岐百七九隋

隋魏脩孔子廟碑百祀丨壞按集韻本作隓俗作墮作隳非是闚闚一闚七八窺窺百四二規規四規二十規

廿六 規 五五 犧 二 犧 三 犧 百七九 羲 羲

二十 羲 九三 羲 百八三 戲 武梁祠堂畫象伏丨倉精初造工業羲作

羲 戲 七 戲 廿一 戲 九四 戲 百一 戲 百二 戲

百卅八 戲 百五三 戲 李翊夫人碑於丨夫人臧侯苗馬即戲字 奇

廿一 奇 四四 奇 八一 奇 百七九 琦 堯廟碑各進丨巧脩

華嶽碑丨畫怪獸即奇字騎騎三十騎百九四錡錡

百六八琦琦七琦十五猗猗四四宜宜

二十宜四四儀儀一儀四儀七儀十五儀

廿一儀卅六儀五十儀六十儀六儀九六儀百十三

儀百十五儀百七九儀百八三儀百九十爲爲一

爲二爲十爲十五爲卄一爲卄三爲六三爲
六四爲八三爲九六爲百四二爲百五十爲百八一
爲二百卄虧虧二十虧卄五虧卅六虧五十
虧九四危危三十危卅二危五十危八五峗
峗卅六

六脂

祗 祗十一 祗十七 祗六十 祗六九 祗七五 祗八七 祗

百卌八 祗二百十九 著 著五五 師 師一 師三

師六 師十 師二十 師五三 師六五 師七九 師

八三 師百五三 櫰 櫰十 推 推八五 推九八 誰

誰 四三 誰 五五 誰 七八 私 私 卅九 綏 綏 卅一

綏 卅六 綏 四二 綏 六十 綏 六四 綏 百卅八 雖 雖

十 雖 廿一 雖 廿三 雖 六五 雖 百七七 咨 咨 十二

咨 卅六 咨 卅九 咨 四四 咨 五六 咨 百九五 資 資

四九 ⿰忄資 柳敏碑天丨鯁闕義作資 姿 姿 卅三 姿 五四 姿

百八四粢廿七粢百八三資禹廟殘碑丨盛三牲義作
粢追二追四十追四二追五七追八十追
百四追百四三追二百廿七絺絺八一遲遲七
遲八五遲百七八遲三公山碑懸俗陵丨說文徐行也引詩行道遲遲或
作丨夷夷二夷卅一夷四二夷五八夷六十夷

六四 夷 八十 夷 百二 夷 百四二 夷 百七八 彝 涼州刺史

魏君碑丨戎賓服即彝字義本夷戎他碑所未用 徒 嚴發殘碑陵丨義作夷

徒 徒 八一 彝 彝 四四 彝 六十 彝 九二 彝

百八十 彝 百八一 彝 百八三 惟 惟 二十 惟 十二

帷 卅二 帷 卅三 帷 五十 帷 六十 帷 七二 帷 百九 卅

惟百四二 惟百四六 惟二百十五 漢碑惟字多从心獨尚書从糸餘不過一二 維三十 維四二 維百卅八 維百七九 唯

唯二十 唯四二 遺 遺二十 遺六十 遺六二 遺六四 遺百六 壝 壝百七七 帷 帷百六八 伊

伊四四 伊九九 伊百六 伊百卅八 伊二百五 猗詳見

下平聲七
歌阿字下

飢 飢 十四 飢 百八十 飢 尉氏令鄭君碑 以丨作飢

龜 龜 二 龜 三 龜 十七 龜 廿二 龜 廿四

龜 卅九 龜 四三 龜 五三 龜 五七 龜 九六 龜 百四

龜 百七七 耆 耆 廿二 耆 廿三 耆 四一 耆 九五

葵 葵 四一 葵 七四 逵 亦作馗 馗 十三 蘷 夔

八四憂九八丕卒四二卒九四悲悲卅六悲八六

悲百十五毗毗九五毗九八邳邳三邳卅六邳

六一邳七五邳二百五邳二百廿七眉眉卅五眉七五

眉九四眉百十九麋景君銘丨年義作眉集古云三代器銘云眉年

者皆為丨蓋古字簡少通用麋麋五八尼尼十尼

十七 尼 五四 尼 百四二 泥 夏堪碑仲丨何悗隸釋云以夫子為仲泥狎侮之罪大於子雲之準易

七之

之 之 二 之 三 之 五 之 十 出 北六 之 卅三 之 六三

芝 七二 出 九四 巳 百十五 之 百卅九 芝 芝 北三 芝 六九

芝 百七九 芝 二百八二 菑 萬 四七 緇 繙 百六八 詩

詩 卅五 詩 七二 詩 百四 時 時 二十 時 卌一 旹 卌七 時

六十 時 六一 時 七四 時 百十五 時 百十七 時 百卅八 而 而

十六 而 卌一 而 卌三 而 卌六 而 卅三 而 六五 而 百一 而 百五 而

百十二 而 百四二 而 百五三 思 思 十七 思 卌一 思 卌二

思 卅五 恖 六三 恖 七四 偲 偲 卅六 絲 絲 卅六 絲

四二 司 司 三 司 六 司 四一 司 四九 司 七十 司 百七 司

百北 司 百卅八 司 百九五 司 二百北 茲 茲 三 茲 十二 茲

十五 茲 六十 茲 六五 茲 九四 茲 百卅八 茲 百八三 諮 魏脩

孔子廟碑丨可謂命世大聖千載之師表者巳義作茲 孜 孜 四四 孜

百七九 孳 孳五一 孳二百八二 滋 堯廟碑丨丨汲 汲侯成碑丨丨

履真義作孳孳 滋 滋十四 滋四二 滋六三 詞 亦通用辭 詞

玄儒先生碑丨曰熊君碑丨曰漢碑 辭 說文

銘皆作其辭曰獨此二碑作丨曰

从𤔔通 辭 辭三 辭三十 辭十八 辭北七 辭卅六 辭

作辝

四二 𤔔 五十 辭 五六 辭 七二 辭 七三 辭 百八二 辭 百八五

辤 六一 說文不受也 从舌非是 辤 一 辤 六 辤 卌一 辤 四三

辭 四四 辭 九二 辭 百七七 辭 百七九 辭 百八一 詞 詞 三

詞 六 詞 十三 詞 卝一 詞 六十 詞 六四 詞 百九 十 慈

慈 卌九 慈 四二 慈 四四 慈 七十 持 持 百五 十 持

二百八二 釐 釐 二 釐 百七九 頤 頤 卌九 頤 五五

頤百三貽卅九貽百九詒詒六五怡怡十三

怡六九僖四九僖百十僖百八十僖二百十九熹熹三

熹十七熹北一熹卅六禧禧卅七禧六六禧

二百八九熙熙十八熙六十熙六二熙九八熙九九

熙百八十喜膠東令王君廟門碑庶績咸丨義作熙欺欺九四

姬 姬一 姬北一 姬四二 姬百十九 朞 朞七九 朞八五

暮百七九 朞二百十二 基靈臺碑承祠丨年柳敏碑傳于萬丨費鳳別碑丨月而致道義作朞

基楊著碑恩洽化布未丨有成義作朞 基 基三

基十三 基卅六 基九二 基百四 基百五 箕 箕八十

萁百二 醫 醫百六一 醫百九五 醫二百廿七 疑 疑

卅九疑 九五疑 九六疑 百六嶷 疑 十七嶷 九二其 其

三其 十三其 卅三其 卅四其 卅六其 四一其 四九其 五六其

七二其 七四其 七九其 九十其 百五其 百卅八其 百八三基

外黃令碑史字叔德東海況丨人義作祝其即春秋夾谷之地 期 十一期 期

廿一期 七二期 八五期 百十五其 武梁祠堂畫記樊於丨即樊於期

棊 棋百十三 棊二百八三 旗 旗百七七 旗百七九 淇

綦 張公神碑丨陽丨水義作淇 綦 綦百十 綦二百卅一

蘄 蘄六六 麒 麒百五六 騏 騏百十八

八微

微 微一 微二十 微五三 微五九 微七八 微九八 微

九九徽百六二徽百七九菲菲四二妃妃七妃

百十七非非二十非百二四飛蔡湛頌丨陶唐氏有孰能乎孔耽碑

丨其學也皆作非飛通作蜚飛五飛四一飛七二飛八六

飛九五蜚百十八飛百十九飛二百一肥肥十四肥

二十肥二百十九機機五機二十機卅六機七六機九八

機百七九機二百機二八璣機周公禮殿記旋丨離常義作璿

璣

幾幾七五幾九五幾九七幾百廿八幾百七九

幾費鳳別碑庶丨昔子夏義作幾譏譏十五譏十二饑饑

六七饑七五歸三歸六歸二十歸北三歸

廿七歸三十歸四二歸四八歸五十歸七二歸七五歸

八三歸百四歸二百一歸二百廿七希八四希百十八

欷欷五十欷七七欷百九欷二百五晞晞六四

睎六五暉暉六三暉百四暉九二煇煇八煇

七八煇二煇堯廟碑倈著｜銘即煇字揮揮四九徽徽

四五徽九六徽九八徽百八一翬翬十三翬百四一

衣衣三十衣五八衣八一依依三十依威

威十三威五十威八三威百四威百四二沂沂

九五沂百四六巍魏魏漢碑巍字山皆在下魏字山卻在上

孟郁脩堯廟碑｜｜之盛山在下武梁祠堂

畫像巍陽西嶽華山亭碑巍嘗威陳球後碑

巍郡山皆在上惟楊震碑陰

魏郡山卻在下其不同如此祈祈一祈

十 頎 頎八三 頎百六 畿亦作圻 畿四九 畿六七 頎

楊著碑丨甫詩以圻父作祈父今作丨蓋借用 崎 崎十七 韋 韋

八 韋百卅六 違十三 違十四 違五三 闈 闈

八三 圍 圍卅一 圍百四一

九魚

魚 魚三 魚百四 魚百十 漁 漁二 漁二百九一

於 於二 於卅一 於五五 於五六 於九二 於百五 於百十九

於百卅八 於百五三 於百七五 於田君斷碑改塋｜此即於字 虛

壺五 壺九 壺十二 壺七十 壺八九 壺百四 壺百七四

歔 歔五十 歔百九 歔百七五 噓 噓九十 墟

墟百八五墟魏上尊號表二京為之丘丨義作墟居居廿三居

五三居百四三琚琚百四七車車十三渠渠

四三胥胥七胥四三胥九六胥一百胥百十五胥

百廿八沮沮四二沮百八二苴組高頤碑閼斷苞丨下文協

舒徂辜模則知以丨為苴徐徐四三徐六四蔬蔬八一

踈 亦作䟽 䟽 十七 踈 卅六 䟽 四四 䟽 七九 書 書 二

書 卅一 書 七二 書 百四一 書 二百五 舒 舒 二十 舒

廿九 舒 四四 初 初 十三 初 二十 初 六三 初 百五三 初 百七十

刅 二百九一 諸 諸 百四二 鉏 鉏 百二 如 如 七十 如

七二 如 七八 如 八九 如 百六 茹 茹 四六 茹 百三 攎 攎

九五除除六除十五除三十除卅九斜李氏鏡銘白虎辟邪

主丨道盖反其邑與浮反其水同儲儲五五閭閭四一廬

廬八廬二十廬百八四廬衡方碑丨江字從疒予

予六二予八三予百四二歟歟四四輿輿八五

輿九二餘餘十四餘廿一餘四十餘七二璵

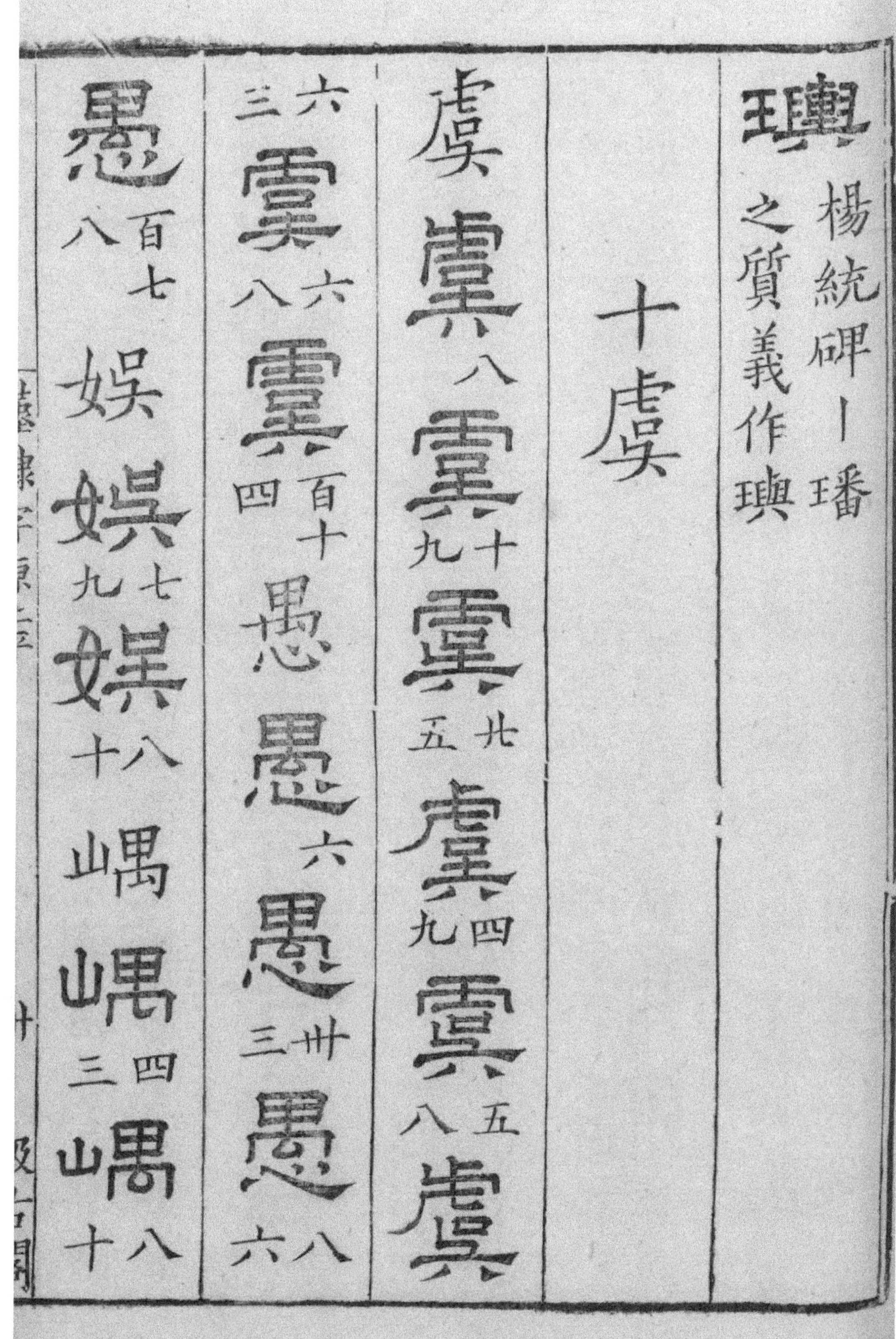

璵 楊統碑丨璠之質義作璵

十虞

虞 虞八 虞十九 虞廿五 虞四九 虞五八 虞

六三 虞六八 虞百十四 愚 愚六 愚卅三 愚八六

愚百七八 娛 娛七九 娛八十 嵎 嵎四三 嵎八十

隅隅一八隅八九隅九九堣九九熊君碑泣涕路丨義作隅偶劉熊

碑惟德之丨義作隅于亐一于二亐三亐百十五于

百四二紆紆百六九蓲蓲百三九區區九六區

二百十九嶇嶇十七驅驅九六驅一百軀軀卌六

軀百四九摳摳四一傴傴卌六拘拘四二俱

俱七 俱卌三 俱卅五 俱四一 俱百十五 駒 駒八六

劬 劬卅五 朐 朐十三 朐四三 朐百十六 衢 衢

九二 衢百七八 衢百八三 數 數一 數卅六 數四二

數五十 數五十 數百七九 孚 孚百五九 膚 膚

卌八 夫 夫五 夫八五 扶 扶四四 扶四四 符 符

三 苻二十 苻卅三 苻五十 苻百六二 無說文奇字作无王育

說天屈西北為无或作舞 無一 無二 無四 無六 無三十 無

五九 無九六 無百卅八 無百五一 无一 无卅三 橆十三 橆

六五 橆七四 橆百八四 毋 毋百四二 巫 巫百二 誣

誣五七 須 須廿三 須四一 需 需七五 趨 趨

十八趍卅三趨卅九趨八三輸輸卅一輸四二樞

樞八一朱朱六四朱百五十珠珠廾六珠百八三

珠二百八二殊殊十五殊卅八殊五六殊六三殊六五殊

百八三銖銖廾一洙洙九八鴸頭李翊夫人碑頭

丨悲兮洿隕零義作鴸鶘儒儒十三儒五三儒六十儒七九

濡 堯廟碑丨術之宗義作儒 濡 衡方碑少臣丨術義作儒 濡 濡

十一 濡 百六九 誅 誅 十五 誅 十六四 廚 廚 二百十八 俞

俞 四四 俞 八三 俞 百七九 逾 亦作踰 踰 十五 踰 四十

踰 四二 踰 六五 踰 百四二 渝 渝 百六八 愉 愉 八三

瑜 瑜 百十一 榆 榆 百五四 臾 臾 七三 鄃

鄃 十二

十一模

模 模 五七 ⿴囗无 逢盛碑制中丨⿰木范字書無丨字今盖用作模範也 幙

鄭固碑作坴丨式義作模 謨 亦作謩 謩 六五 謨 六九 謨 九五 謨

一百 鋪 鋪 四九 逋 逋 六四 租 租 十四 徂 徂

九五徂百六三殂殂百十九酺酺七十酺百八四蒲

蒲四二都都三都六都廿一都卅三都四一都

五四都六四都百五都百八一徒徒二徒六徒六

徒十徒廿四徒卅六徒百十徒二百一涂涂卅六

涂百七七塗塗廿一塗廿三塗卅一塗百十九

塗百八一 荼 荼百四 圖 圖 圖一 圖一 圖三

圖三 圖九 圖十三 圖十五 圖卅三 圖四十 圖四四

圖五十 圖五六 圖七九 屠 屠廿八 屠百五三 盧

盧十七 盧六一 盧百七 盧百八三 壚 壚九十

艫 臚卅六 奴 奴九二 奴百七七 胡 胡七十 胡

百卅九胡百五三胡騶氏竟銘反胡為丨與唐扶碑反陝為郟鄭固碑反獨為

獻同乎二乎三十乎卅六乎卅九乎四四乎

百四一壺二百六五壺廿六壺六二壺孔廟禮器碑籩

杦禁丨以文考之協韻當作壺瑚瑚孟郁脩堯廟碑坐致墦丨石闕二坐借墦

丨為璠瑚言石之似玉也弧四三弧百七七湖湖十三湖

五七湖二百九狐狐百二狐百八三狐孤廿一孤四十

孙四二孤四四孤七二孤七八孤九二孤百十九孤百五三

菰校官碑覆丨竹之廉義作孤古辛辜六四辜六五辜

百九辜百十九姑姑八六姑百十九酤酤十一沽

沽七八觚觚七呱呱九二呱百十九枯枯廿一

枯百四呼亦作嘑呼二十呼卅三呼卅九呼七二嘑

七四呼七八呼八五呼百四呼百十八嘑樊敏碑歍丨懷哉即

烏呼字吾吾廿一吾八六吾百四一吳吳十三吳

十九吳七八吳七九吳八六吳百四吳百五三吳百七七

吳二百卅一梧梧百七八麤集韻俗作鹿麤百十三

麤八一烏四十烏五七烏八十烏八五烏百四

鳴鳴七十鳴七二鳴二百五鳴二百八歍義見呼字下

洿洿百二蘇百四一蘇百四九蘇百七七

十二齊

齊齊四七齊八九齊九十齊百三八齊百五三

齊百七九西西十西卅三西六四西百七九西二百二

栖西亦作棲棲八十栖八五栖百八十西嚴訢殘碑丨遲衡門

義作栖遲犀犀卅六犀百十妻妻卅三妻百十五

悽悽七三悽八五悽百十五齋齋百十躋

隮周憬功勳銘彌陵丨阻集韻躋或作丨氐互百七三低

偍五十 隄 隄十八 隄四五 堤 堤北一 磾

磾百四一 題 題百二 提 提卅六 題樊敏碑丨罰傑

立義作提綱 泥 泥九九 泥百十九 涅費鳳碑丨而不滓集韻丨

通作泥 黎 黎十六 黎六五 黎百八三 黎堯廟碑丨元來

福義作黎 犂靈臺碑丨元賴榮三公山碑羣丨百姓受元恩義皆作黎 黎

孔廟後碑丨苗義作黎

黎 桐柏廟碑丨庶賴祉唐扶頌丨庶攸寧高頤碑丨庶踊泣衛彈碑丨民用寧義作黎

黎 樊毅脩華嶽碑丨民時雝辛通達造橋碑撫育丨元張表碑劉寬碑陰黎陽皆作丨

黎 孫叔敖碑繼高陽重丨五舉子文之統義作黎

黎 城垻碑丨首義作黎

黎 校官碑惠我丨蒸義作黎

黎 張納碑椽史張勤丨景蓋姓也當作黎千姓編黎侯之後唐有黎幹此蓋借用

雞

雞

六

雞百四二 稽十 稽二十 稽卅五 稽四十

稽六二 稽九八 稽百四 稽百七八 稽百九五 谿亦作溪

谿三十 谿卅三 谿卅五 溪六四 谿百四一 兮 兮

二 兮三 兮卅五 兮七一 兮百二 兮百四 兮百卅九

奚 奚四二 奚百四 奚百五 奚百九 傒 溪桂陽

太守碑小丨路丨嚴發殘碑塞利欲之丨義皆作蹊

倪兒楊統碑陰丨銀字伯玉即西漢倪寬為丨

儀費君碑黎丨瘁傷孔宙碑黎丨以康即旄倪之倪

圭或作珪

圭十二

珪四一

珪五三

閨

閨六十

邽

圭劉寬碑陰下丨即下邽

奎

奎十八

攜

擕十七

擕廿五

擕廿六

擕六五

擕六七

擕百四六

迷

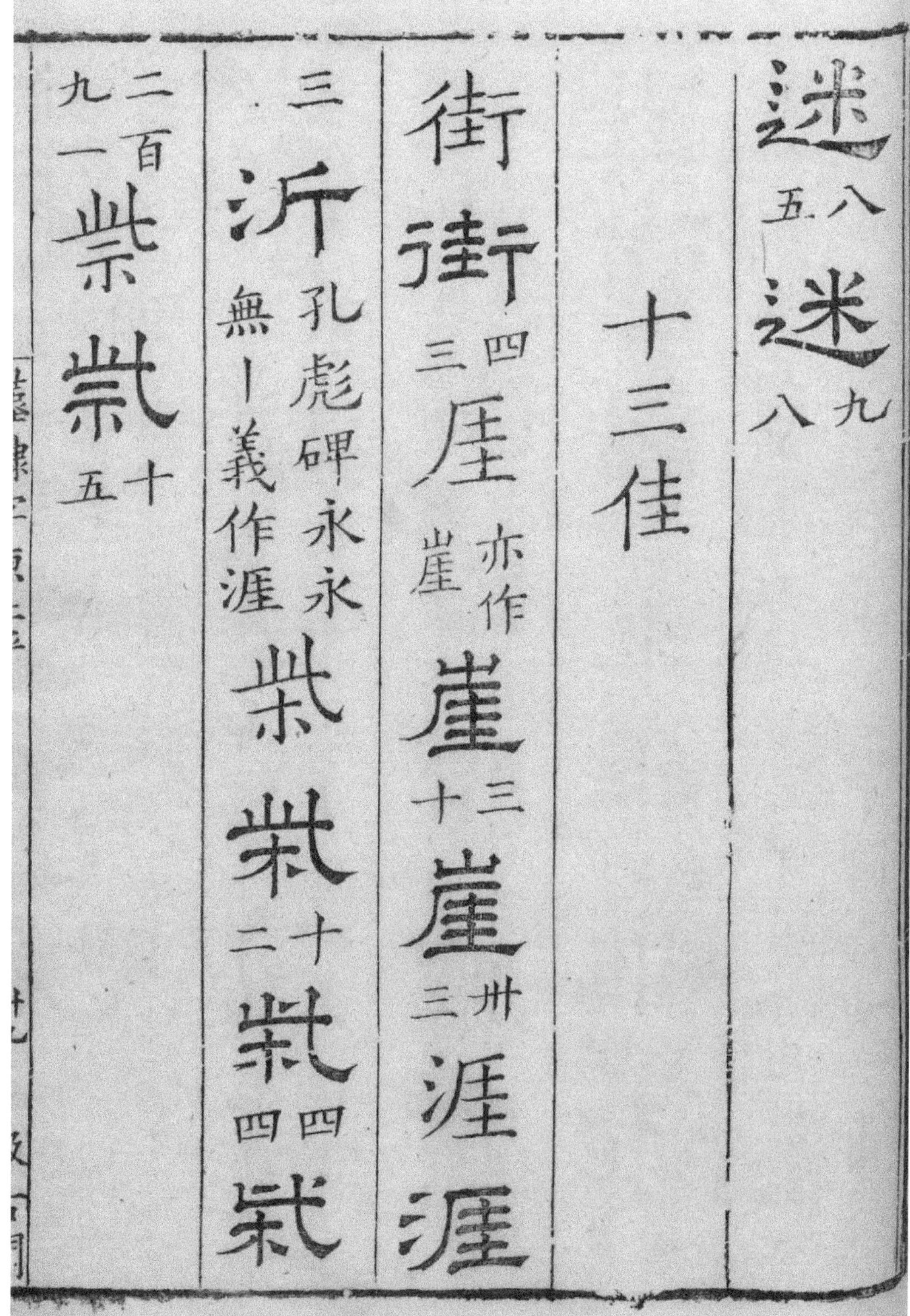

迷八五迷九八

十三佳

街街四三厓亦作崖崖三十崖卅三涯涯

三沂孔彪碑永永無丨義作涯柴柴十二柴四四柴

二百九一柴柴十五

十四皆

皆 皆六 皆三十 皆七二 皆九八 皆百九 皆百四一

階 階一 階五十 階百五 喈 喈北五

諧 諧四二 諧七四 乖 乖一 乖四二 乖七七

懷說文念思也人情也來也通作褱

懷十七 懷北一 懷六七

懷一百懷百四懷百十七懷百卅八懷百八三褱

說文俠也褱五褱五五褱八十褱九五褱褱

廿六褢五十槐槐二百卅一淮淮十四匯唐君

頌碑丨夷來降增匚作淮此用字之異者差差十四齋齋十三

齊孟郁脩堯廟碑肅敬丨絜說文齋齋

齊並戒潔也隸作齋齊古作亝

靈臺碑丨桐柏廟碑奉祀丨絜字書無

革精誠丨字其文當為齋戒之齋字

从示敬之至也

僔百八十六 排 排二 俳 俳

埋 埋五十 埋卅一

五九三

十五 㚒

㚒 㚒五 恢 悏十 悏二六 悏六八 悏二九

恢九七恢百七七逑靈臺碑丨踐帝宮即恢字𢈈祝睦碑膺丨懿

量即恢字𢈈楊孟文碑丨弘大節即恢字魁魁卅一魁二百

十八塊隗帝堯碑帝堯其先出自丨丨按帝王世紀云炎帝一曰魁隗氏

此乃作丨丨隈隈北七瓌瓌四三瓌百五十瓌

百七七回回八一佪佪廿五佪五十佪五三洄

洄卅六槐槐九八嵬嵬卅三隗鄁閣頌高山崔

丨即嵬字堆⿰𠂤隹桂陽太守碑殄絕犁丨義作堆隤亦作頹隤

卅五穨卅六頹七十雷雷五罍雷韓勑孔廟

禮器碑丨洗觴觚義作罍崔崔北三崔百八五縗縗

八六縗二百八三摧摧五十催侯成碑鳩儀丨零徐氏紀產碑

五内丨碎義作摧

慛 郭究碑萬夫慘丨緐陽令楊君碑哀矣丨傷義作摧

磪 費鳳碑肝丨意悲義作摧

崔

磪 李翕碑刻舀丨嵬義作崔

崔 周憬功勳銘仰王禽兮又丨峗按碑瀧水發源王禽山盖言山高如此即崔字

裴 裴 四三

俳 俳 廿五

侱 景君碑歔欷丨佪義作俳

陪 陪 百二

十六咍丨

開 亦作闓 闓 四十 開 四九 闓 六二 開 九八 詼

詼 六九 詼 百九 詼 百七九 詼 百八三 垓 垓 卅一 垓

百九 孩 孩 五一 孩 八一 孩 九十 咳 夏君碑丨孤憒泣義作孩

哀 哀 四九 哀 五三 懷 七一 哀 七二 懷 八十 哀

八六 哀 百四 哀 百十九 哀 百四二 埃 埃 七五 胎

胎 九十 胎 百十九 台 台 四一 台 五十 台 六九 胎

碭孔君碑背有臺丨表義作台 臺 一 臺 三 臺 四

臺 六一 臺 六一 臺 百二 臺 百卅二 臺 二百四

來 來 三 來 六 來 十五 来 卅三 来 百卅九 来

百七七 徠 辛通達造橋碑丨儀于國義作來 萊 萊 七二 萊

八十　萊百九　萊百五三　徠　逨北三　哉　𢦏

卅一　𢦏五七　𢦏六七　𢦏七十　𢦏七二　𢦏七二　𢦏八五

𢦏百卅八　𢦏百八五　栽二百八　災亦作灾烖　災十五

災百四　災百四一　災百七七　灾三　灾十七　灾五三

烖二百九　裁　裁百十九　才　才北四　才百十五　才

百八三材材二十材百七九財財一財八五

九五財材史晨饗孔廟後碑還所斂民錢丨義作財纔材老子銘與楚子西同科丨不及孫卿孟軻與纔同

財李翕碑丨容車騎西漢文紀見馬遺丨足與纔同

裁郭旻碑雖立碑頌丨足載世西漢高惠功臣表丨什二三與纔同

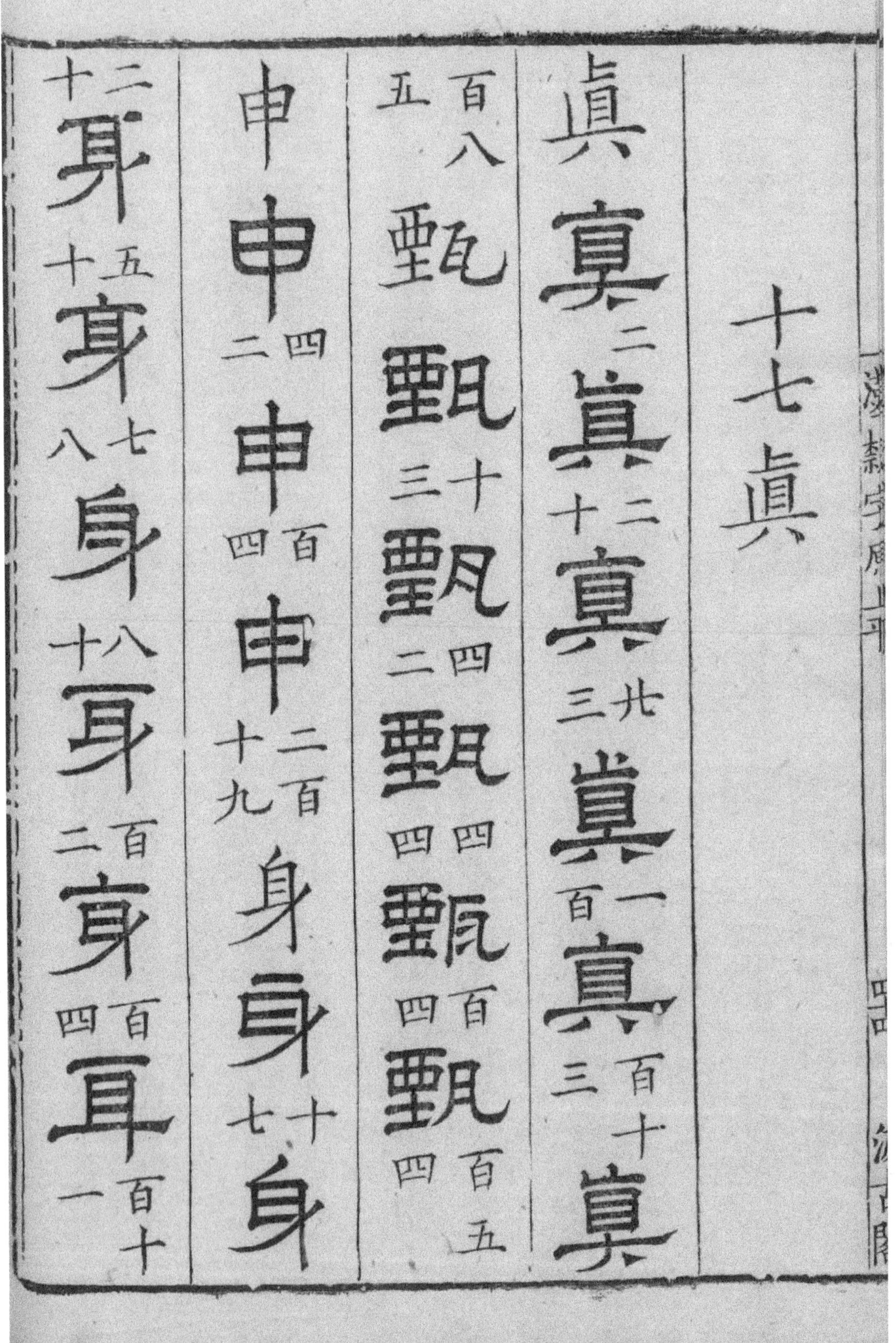

十七真

身百十三身百四二身百八一身百九十伸伸

百九呻呻百八五紳紳八一紳八三紳九八

紳百六辰辰六辰北三辰四四辰百四六

晨晨十晨九五臣臣六臣四一臣

六五臣百五七臣二百北七神神三神二十神四十

神七八神八三神百廿一神百八三神二百廿九人

人三人六人卅三人八三人百卅八乆張休崕涘碑行

丨過茲即人字乆司農劉夫人碑司農夫丨即人字仁卅一仁

卅六仁七二仁百十五仁百四二辛辛六九辛八五

辛百七五新新十五新四十新四四新七十新

百九一 薪 薪 北一 薪 七九 親 親 十三 親 四二

親 百十八 親 百十九 親 百四二 親 二百十九 津 津 七二

津 百十八 秦 秦 十五 秦 四九 秦 六五 繽 繽

四四 賓 賓 十五 賓 北三 賓 卅三 賓 六三 賓 六八

賔 百卅七 賓 百卅八 儐 孫根碑無猾不丨義作賔 濱 濱

三 濱 三十 濱 四一 濱 百二 頻 頻 四二 嬪 嬪

百十九 民 民 二 民 十五 民 卌九 民 四十 民 四二

民 六十 民 七九 民 八五 民 百卌八 泯 泯 百五二

泯 百八三 彬 椭 廾五 彬 六二 彬 百八十 邠 或作豳

邠 四三 豳 六二 豳 七十 貧 貧 三 貧 廾一 貧

卅五岷岷二百十八旻旻五旻八十旻二百四

緡緡二百卅一珍珍十五珍卅二珍五五珍六二

珍百八一陳陳二十陳北五陳北九陳卅九𨻰

卅九陳四三𨻰六十陳六六陳百十陳百卅八陳

百九十塵塵十七塵二百十九鄰廣韻俗作隣隣

卅五鄰五十鄰八一鄰八三鄰百一鄰百八一品

孫根碑至于東丨大虐班孟堅幽通賦云東丛虐而殲仁注云古鄰字麟麟

十麟三十麟六一麟七四麟百五五鱗鱗三

十八諄

春春十七春卌三春卌九春卅一春四一

舂 五四 舂 六四 純 一 純 廿一 純 四十 純

七九 純 百五 醇 醇 十五 醇 四四 醇 八一 醇 八三

醇 百九七 醇 二百十九 淳 淳 五九 淳 七二 淳

七四 淳 九九 淳 二百七二 鶉 鷻 九七 荀 荀 十四

荀 十五 詢 詢 一 詢 四四 詢 九八 恂 恂 百六

洵洵九九逡逡五五遁鄭固碑逡丨退讓漢書項籍傳
丨巡而不敢進千句反至雋跡于薛平彭傳贊平當逡丨有恥讀曰巡二說已不同隸釋
謂此蓋用史記秦紀逡巡遁逃語讀如本字今因漢註姑載于此遵遵
三遵十五遵五九旬旬卅一旬四三旬六四
旬百四九巡巡十五巡百四巡百八五遁詳見

遂字下

循 循卅一 循四四 循五三 循七九 循八六

脩 景君碑陰載故吏自都昌而下十九人皆作丨行又司馬整碑陰有諸曹丨行二十四人漢隸循脩二字相近疑是借用

屯 屯六四 窀 窀六十

倫 倫廿一 倫四二 倫七十 倫百四二 淪 淪六九

淪百八十 輪 輪四一 輪八三 輪百七七

因

因十三 因十五 因廿一 因廿五 因四九 姻亦作婣 姻

百六八 婣百八五 姻二百八五 禋十二 禋 禋百七八 煙

祠孔廟奏銘以共丨祀義作禋 烟魏受禪表丨于六宗義作禋 氤亦作

絪 烟 熅魏受禪表和氣丨丨即氤氳 烟 熅魏脩孔子廟碑神氣

丨丨即氤氳 壹 緼朱龜碑星精丨丨義作絪緼 堙 堙

十五 堙 十八 湮 湮 卅六 寅 寅 六 寅 卅三

寅 五三 寅 百四 寅 百七 寅 百卅八 夤 夤 十八

鈞 鈞 百八十 均 魏大饗碑夏啓丨臺之享義作鈞 均 均

十六 均 卅五 均 四四 巾 四九 巾 六八 銀 銀

廿四 銀 卅五 銀 五三 銀 六四 銀 八六 銀 百四 銀 百十五

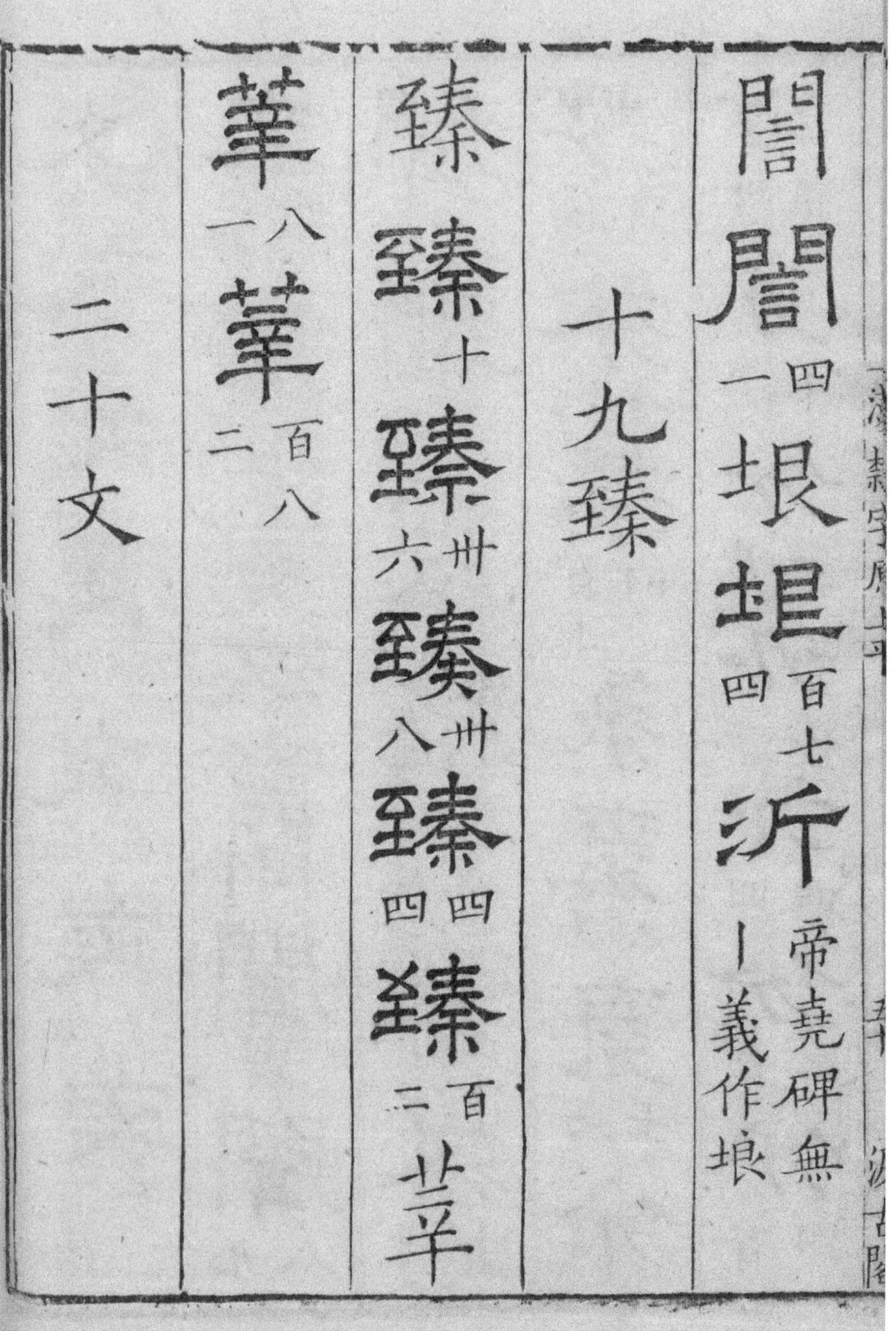

誾 誾四一 垠 埕百七四 沂帝堯碑無丨義作垠

十九臻

臻 臻十 臻卌六 臻卌八 臻四四 臻百二 莘

莘八一 莘百八二

二十文

文
彣一
彣二
文六
文北四
文六十
文百四二

文二百四
汶
汶七五
汶百二
聞
聞二
聞九二

聞百六
聞百四一
蚊
蚊北三
芬
芬二
芬十七

棼五十
芬八十
棼百十四
氛
雰北六
雰七七
分

分十五
分二十
分廾一
分三十
分四四
分六二
分百四

分百廿彡百八七汾汾三汾九汾四二汾

九九焚焚百七九墳墳六四墳九八墳百三

墳百八三賁張納功德敘綜覽丨典即墳字賁王政碑研典丨

即墳字雲雲十五雲廿九雲五六雲七十雲七七

雲八六雲百九雲百五三耘云耘云廿六耘云百四二

沄沄卅六沄沄張納碑丨丨義作紛紜云云

二百十四云百十七熅熅一熅百七九熅百八

十義見氳字下氳亦作縕熅義見氳字下勳亦作勛勳

四十勳九九勳百六勳百三五勛四二勛四九勳

夏承碑帶丨著于君君三君十三君北九

王室盖策勳字

君三十 君五六 君八十 君百十六 君百卅二 君百三十

君百卅八 軍 軍六二 軍九五 軍百二 軍百四

羣 羣四 羣十三 羣十九 羣卅六 羣七二

二十一欣

欣亦作訢 訢四 訢十七 欣四十 欣四四 欣百八十

昕　昕四三　殷　殷十二　慇　慇七　斤　斤百九一

勤　勤十五　勤廿二　勤四四　勤七二　勤八十

勤百七八　懃　懃七　圻　圻六五　圻九二　圻百七七

二十二元

元 元六 元十 元六四 元百四 元百卅八 亓

三百一 原 庳三 厡二十 㕓卅一 㕓六四 庳

百卅一 滖呂君碑平丨十刃義作平原十仞 源 㵝十七 湶廿一

滖卅五 源四四 㵝百八一 袁 袁十二 袁四九 爰

爰二 爰四二 爰八三 爰一百 爰百七七 爰百八十

援 援 十 園 園 四一 園 七九 轅 說文輈也又姓

轅 八三 轅 百八二 袁 袁良碑周之輿滿為陳侯至玄孫濤塗立姓曰袁按漢書以袁生為轅生左氏載濤塗作轅古字通用 湲 湲 八三 諠

愃 平輿令薛君碑永矢不｜詩云永矢弗諼禮云終不可諠兮二字蓋通用此則借｜為諠

宛 卅九 宛 四二 宛 七二 鵷 鵷 李翊

夫人碑丨頭悲兮即鵷雛 言 言 二十 言 卅一 言 七八 言

八五 言 百四十 言 百八十 軒 七二 軒 百六八 翻

翻 五六 翻 六五 翻 八五 璠 璠 六五 墦 孟郁脩堯

廟碑坐致丨㙛石闟借丨㙛為璠瑚 轓 五七 轓 七二 轓 八六 藩

經典亦作蕃 藩 四九 藩 五十 蕃 一 蕃 九七 蕃

百十九轓竹邑相碑將授丨邦義作藩蕃嚴舉碑位至丨車義作藩

煩煩七煩四四煩百十九煩百四六緐緐

十五緐七二緐百九緐百七九璠墦一燔

燔北八樊十三樊北七樊五七樊百十九樊

百八一蕃畨白石神碑永二丨昌無極山碑艸木丨茂漢書卜式傳隨

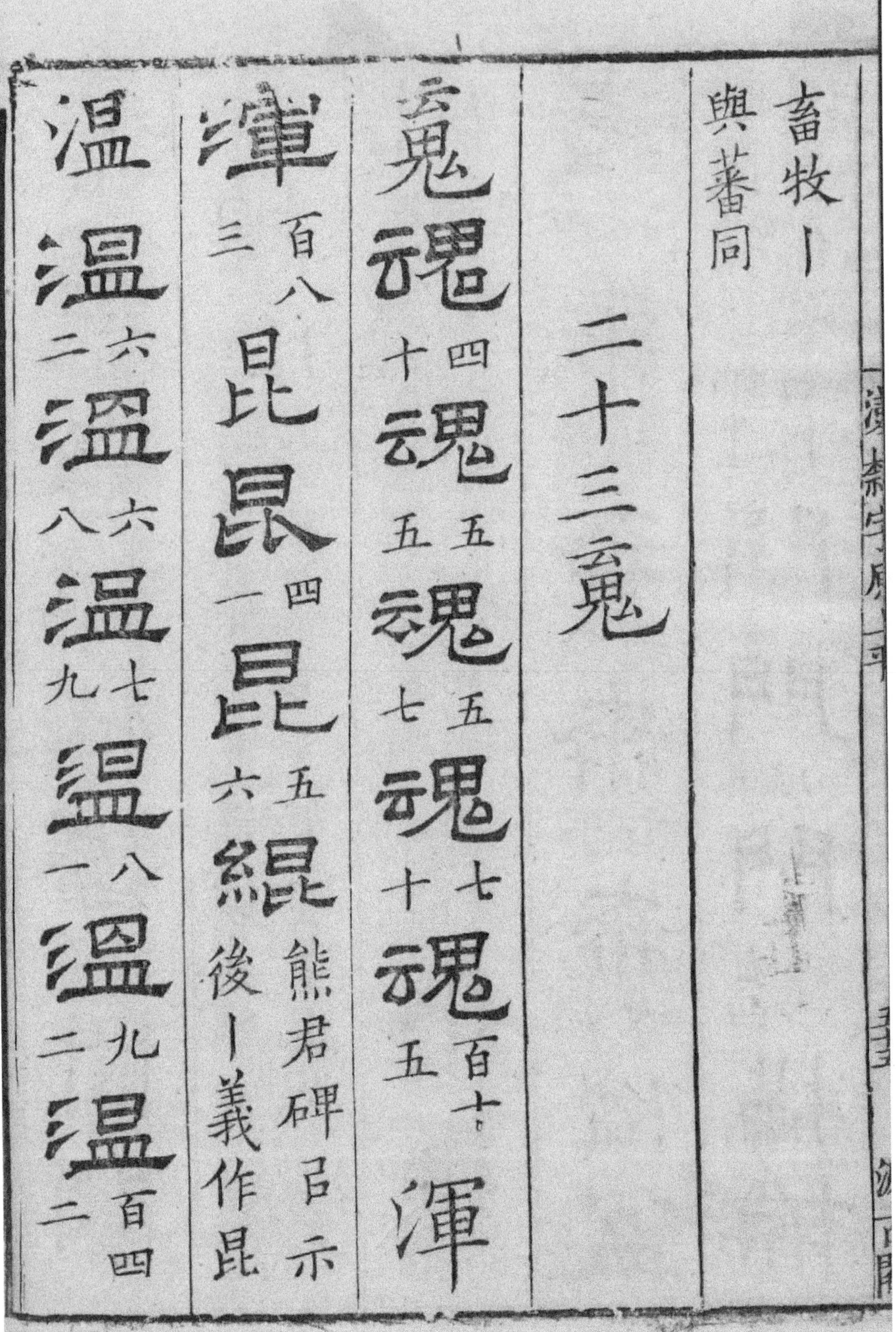

畜牧丨
與蓄同

二十三魂

魂四十 魂五五 魂五七 魂七十 魂百十五 渾

渾百八三 昆四一 昆五六 緄熊君碑吕示後丨義作昆

温 温六二 温六八 温七九 温八一 温九二 温百四二

昬昬四五昬百十九婚婚百九閽閽

八三坤巛孟郁脩堯廟碑乾丨隸書無坤字集韻云丨古坤字說文地也

巛六巛九巛十巛百八十奔奔十七奔卅六

奔四一奔五十奔八三奔八六奔九四湓盆

郁閣頌丨溢義作湓門門一門十六門百四二樠樠

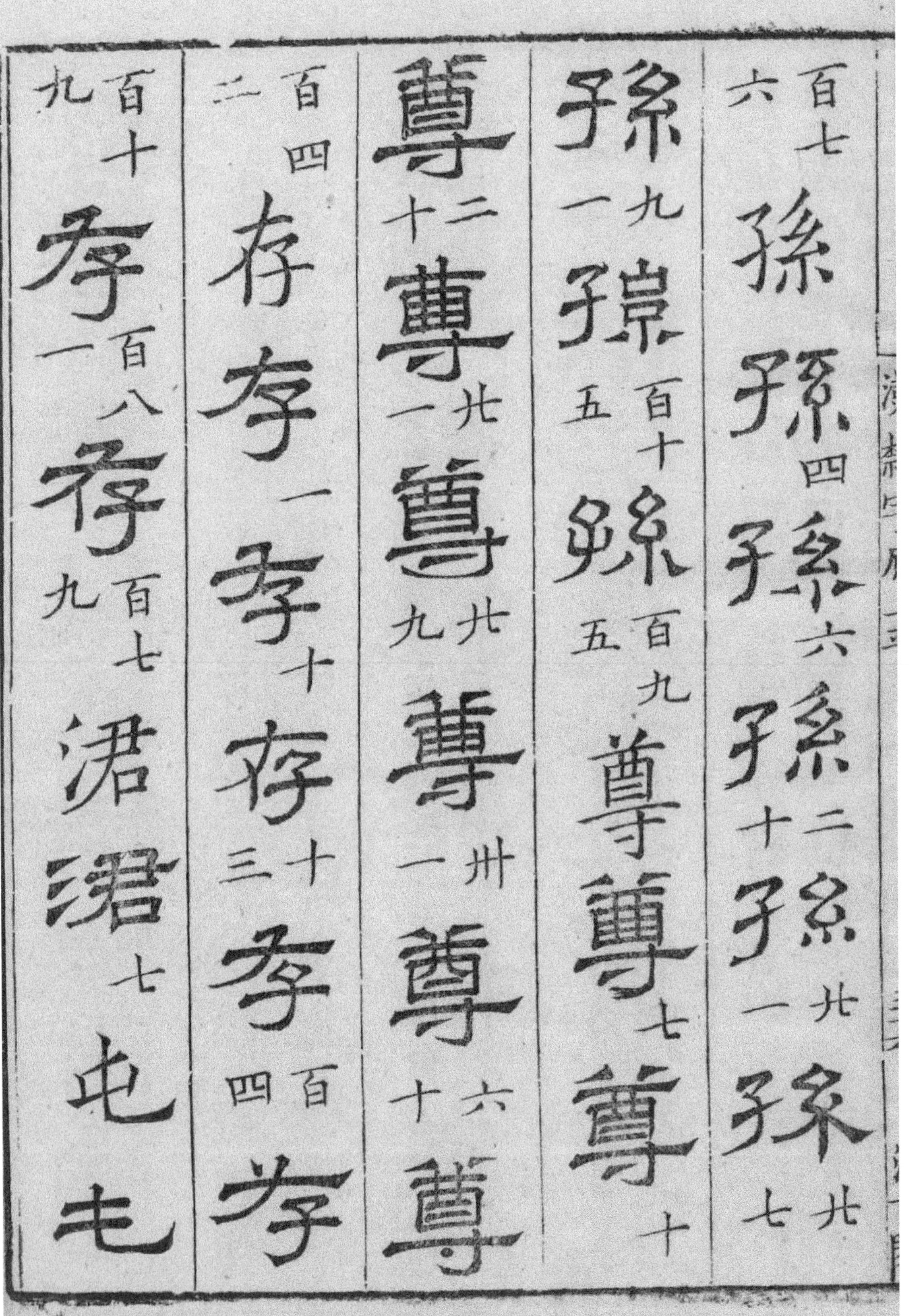
百七六 孫 孫 孫 四 孫 六 孫 二十 孫 廿一 孫 廿七

孫 九一 孫 百十五 孫 百九五 尊 尊 七 尊 十

尊 二十 尊 廿一 尊 廿九 尊 卅一 尊 六十 尊

百四二 存 存 一 存 十 存 十三 存 百四 存

百十九 存 百八一 存 百七九 涒 涒 七 屯 屯

屯 六四 屯 七一九九 屯 九六

二十四痕

吞 吞 百七八 根 九 相 五十 根 九二 相 九六

恩 恩 一 恩 十 恩 十五 恩 三十 恩 八五

二十五寒

寒 寒十四 寒卅一 寒四九 寒百五三 韓 韓七

韓卅一 韓五七 韓六四 韓八四 韓百二 韓百六二

邯 邯八 邯百十六 邯二百八四 翰 翰鄭列碑丨音振

於天末義作翰 刊 刊十五 刊卅三 刊四九 刊六十 刊六二

刊百四 栞 栞七九 干 干十五 干百八三 肝

肝八六 玕 玕四一 安 安十七 安三十 安卅一

安四三 安五七 安八六 安百十五 豣 干 校官碑丨

侯用張周禮士以三耦射豣侯大射禮豣作干 滄 滄九七 残 殘

五十 單 單百四六 禪仲秋下旬碑孤嗣丨煢義作單 鄲 鄲

八 鄲百十六 灘 歎孔廟禮器碑青龍在涒丨盖借用 壇

壇廿一壇五五壇百十七磹磹五二檀檀

卅六檀九七彈彈四四彈七九彈百二欄

欄堯廟碑階陛｜楯即欄楯字蘭蘭一蘭五四蘭

七十蘭百十九瀾瀾卅六難難三十難卅一

維四十

二十六歡

歡亦作懽 懽 懽卅三 歡卅九 歡四一 歡八六

歡百八十 驩 驩八十 驩百七七 寬 寬四二

寬五三 寬八七 寬百九 寬百十三 寬百四二 官

官十 官十三 官四三 官七九 官九九 官百四 官

百十五 㝬 二百一 官 二百二 官 羊竇道碑到ㄧ六日呂字反書 官

永初七年ㄧ盤與七字皆反書 冠 冠 五十 冠 百八三 觀 觀

二十 觀 廿六 觀 百六 觀 百十二 觀 百十五 觀 百七七 莞

莞 二百十九 棺 廿九 棺 廿一 棺 八五 潘 潘 廿一 潘

卅九 潘 六四 般 般 平原東郡門生蘇衡題名ㄧ丁即般字 槃

𦢊九五 盤 𦞀九八 盤二百十八 般 石經尚書殘碑｜孔

作盤 般 仲秋下旬碑｜桓義作盤 般 張納碑｜桓弗就義作盤 瘢 般

郭旻碑加有瑕｜即瘢字 鞶 鞶九二 磐 磐十三 磐卅一

磐卅二 磐四五 蟠 蟠二百十九 漫 漫七一 漫

七五 樠 樠百七六 酸 酸八五 鑽 鑽八六 鑽

欑百八一 欑二百十五 端 端十 端十三 端四六

端百四二 端百四九 湍 湍卅六 鸞四 鸞

鸞卅七九六

二十七刪

刪 刪十 關 關卅五 關四九 關百三 關百七八

還 還 二十 還 廿一 還 卅五 還 四二 還 六四 還

七八 還 七九 環 ⿰土睘 袁良碑丨堵即環字 姦 姦 七十

顏 顏 二 頑 八十 顏 百四一 頑 頑 十五 頑 四四

頑 九六 班 班 二十 班 九五 班 魏脩孔子廟碑丨宗彝書作班

斑 斑 十五 斑 卅五 斑 六八 斑 百六 攀 攀 八三

攀 百八一 𠬜 平輿令薛君碑命不可丨漢書揚雄傳纍旣丨夫傳說晉灼曰古攀字

攀 竹邑相張君碑丨援持車劉脩碑扣馬丨輪集韻攀亦作攀

蠻 四一 蠻 四二 蠻 六四 蠻 百七二 蠻 百七九

二十八山

山 山 十四 山 十七 山 十八 山 四九 山 七二 山 百四

仙 嚴訢碑丨逋比迹義作山 潺 八三 漣 漣 武梁祠堂

畫記衣服斑丨義作斑斕 閑 卅九 閑 閒 五百七 閒 閒 八

艱 艱 卅一 艱 七四 艱 百四六 鰥 北九 鰥 一 鰥 五十

鰥 二百十五 矜 唐君頌不侮寡丨詩至于丨寡史記有丨在民閒曰虞舜與鰥

同

漢隸字源

下平聲

一先

先 先六 先十三 先二十 先五十 先九九

先百四 先百廿 先百卅八 先百八三 千 千

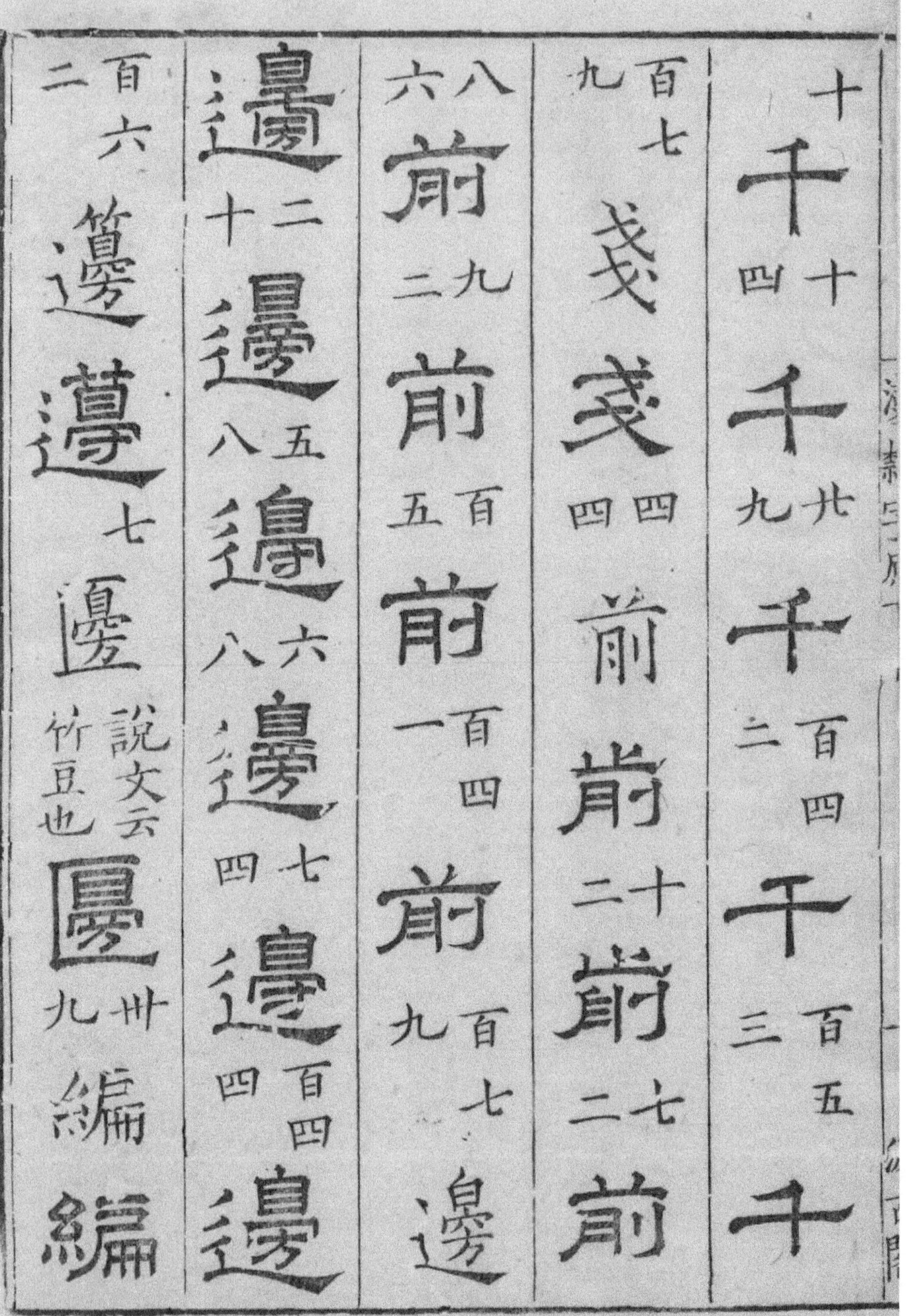

十千十四千廿九千百四二千百五三千

百七九戔戔四四前前十二前七二前

八六前九二前百五前百四一前百七九邊

邊二十邊五八邊六八邊七四邊百四四邊

百六二籩邊七邊說文云竹豆也邊卅九編編

八九 顛 顛 卅一 顛 卅六 顛 五十 顛 五五 顛

百十九 顛 百四二 天 十三 天 卅一 天 六十

天 百十九 兲 無極山碑丨墜即天地字 田 田 十三 田

百卅八 塡 二十 塡 卅六 塡 七十 年 年

一 年 二 年 四 年 五 年 十三 年 廿三 年

廿六 年 二七 年 三十 年 卅一 年 卅二 年 卅三 年 四二

年 七八 年 八九 年 八九 年 九六 年 百五 年 二百一

年 二百二 季 孔宙碑丨丶六十說文丨穀熟也引春秋傳大有季或作年 蓮

蓮 九九 憐 九九 憐 卅五 憐 六七 堅 卌一 堅

卅三 堅 八四 堅 八六 堅 百八五 掔 掔 四一 賢

賢廿三賢卅一賢四十賢百四二臤校官碑親丨寶

智說者謂與劉熊碑寉鳴一震皆蒙下文故

賢鶴从省如袁良碑優丨之寵則又非蒙下

文也漢碑亦多單用

弦弦二弦五十弦百七七絃

絃廿一燕燕百十研研八九研九六研

百八三研二百八蠲四蠲七五蠲七九蠲百六

淵 淵一 淵四 淵卅一 淵卅三 淵卅六

淵六三 淵七二 淵百七五

二僊

僊亦作仙 僊三 僊十二 仙北三 僊四九 僊九四

鮮八五 鮮九六 鱻白石神碑地無丨陽說文新魚

精也鮮魯峻石壁殘畫象丨明騎義作鮮遷遷二遷

十二遷卅六遷卅七遷四二遷五七遷五九遷

六十遷六八遷七四遷七五遷七九遷百六遷

百五八遷百五九遷百六八僊三老袁君碑丨脩城之鄙

義作遷錢錢一錢二錢四錢六錢

十錢北一錢卅三旃旗四四蟬蟬二十

單單百七七單百七九潺潺卅六然

然二然六五然九七然百四然百四二廛

廛卅九連八四連百五三甄甄四二

鄄馮焕殘碑｜鄄别即甄字延延三延五延

十二延十三延十七延三十延五五延五六延

八十延九九延百四延百卅一延百卅八延

百四六延百七八延百九二延靈臺碑生丨臺涯郎延字

筵遾十遾七三遾百四十焉焉一

焉二十焉廿一焉廿三焉卅一焉卅六焉

四四焉五五焉七八焉八十焉九九焉百六愆

衍九衍十七衍五七衍百十九騫騫

四一騫百五三搴搴八六乾乾三六乾

乾七乾廿五乾卅一乾百四六楗楗楊統碑一

為即楗為叓叓二叓十一叓十七叓五三鞕

鞭九八篇二十篇五十篇百四二偏

偏卅一偏百卅八偏孔彪碑無丨無黨盖借用便便

六二綿亦作緜綿二緜八一緜百卅緜百四七

縣南安長王君平鄉道碑丨竹即縣字宣宣三宣五十

宣五四宣五五宣五七宣九二宣百七九銓

銓四一　鐫十六　鐫五九　鐫八三　鐫百九十

旋　旋一　旋十六　旋五八　旋九八　旋百九

旋百七四　旋百八五　璿亦作璇　璿十九　璿百七九

旋孟郁脩堯廟碑以丨機為璇璣　全　全九五　牷　牷十五

泉　泉二　泉三　泉十八　泉八七　泉

百七八㶜孫叔敖碑波障源丨盖泉字添水㶜楊君石門頌平阿丨

義同上穿三十穿百卅七川廿一川卅一川

川卅六川百四七專專九專廿一顓顓

六三顓百三顓百五三遄遄百八十船船卅六

船百七七傳傳十二傳十五傳百六傳百十八

攣 孿五十 孿七四 孿百七二 鉛 鉛四三 捐

捐四一 捐五三 捐七八 捐九七 蜎 蜎四一 緣

緣卅三 緣四九 緣百九 員 貟十一 貟四三 棬

棬八一 權 權廿一 權九二 權一百 拳 搼

李翊夫人碑繼姑入室勤惓｜｜漢書雖在畎畝猶不忘君惓惓之義也惓與拳同

鬈 鬈六二

三蕭

蕭 蕭五一 蕭六一 蕭八六 蕭百五 蕭百八十

鵰 鵰尉氏令鄭君碑放丨與鵰同音鶻丨是鳩名 彫亦作雕

彫六十 雕九八 彫百八三 凋 琱六九 跳 跳十八

髫髫卅九調調三調十四調八五條滌

十四條廿八條四九滌八七條百八十蓧張平子碑對封樹之

蕭丨義作條苕苕廿五聊聊卅六寮寮六八

寮七九寮九八寮祝睦後碑丨屬欽熙義作寮寮魏元丕碑

詶咨羣丨義作疇咨羣寮遼楊統碑百丨歎傷即寮字遼景君墓表百丨

失氣又武班碑百丨惟闕義作寮 遼 高彪碑丨黨即寮字 遼 夏堪碑官

丨臨弔即寮字 遼 楊孟文石門頌百丨咸從即寮字 遼 李翊碑顯名丨

嚋義作寮 寥 寮 卅六 遼 遼 八 遼 十一 遼

百七八 憀 憭 四十 梟 梟 五十 僥 僥 五 堯

堯 二 堯 三 堯 十五 堯 卅三 堯 卅七 堯 百七九

嶤嶢廿七

四宵

宵宵五十宵九二消消二十消八五逍逍百八三

銷銷百五翛翛十三翛廿三焦焦四四

焦八四譙譙敏碑丨贑以焦為丨左傳楚師代陳取焦夷注謂焦今

譙縣是則焦譙可以通用漢人書姓如橋喬伍五之類甚多

椒 樹六二

燋 燋二百十九 譙 譙六六 譙百七七 憔 憔八十

憔九二 憔二百八二 飄 飄九六 標 摽卄一 漂 漂十八

漂卅五 漂百四六 飄 飄百六 慓 僄百四四 剽七五

剽 苗 苗三 苗四一 苗四九 苗六五 苗八十

苗九二燒燒卅三昭昭十五昭廿五昭五三昭

九二昭百十七昭百七九照嚴訢碑去斯丨丨義作昭炤譙敏碑盛

德丨明義作昭招招一招七二招八三招九八召郭旻

碑丨攜懷遠義作招韶韶二十韶百六三饒饒北一

饒九八超超十九超卅六超卅九超八五超

百六六 朝 朝 卅三 朝 五十 朝 六三 朝 六五 朝 九二 朝

百四三 鼂 鼂 卅一 晁 百十五 潮 潮 四二 遥 遥

百八三 繇 繇 七 繇 卅二 繇 卅三 繇 九六 繇 九八 繇

百七八 姚 姚 四十 摇 摇 百八一 謡 謡 四四 謡 六二

謡 六四 瑶 瑶 八 瑶 十二 瑶 五五 要 要 田君

斷碑究屆道丨漢書地理志大丨古要字一遥反 翹 翹七十 鴞

鴞五十 妖 妖九八 驕 驕百四二 喬 喬卅三 喬

卅六 喬百四六 僑 僑四五 僑五二 僑百二 橋 橋

卅一 橋卅五 橋五三 橋百四六 橋百六九 橋二百卅五 喬

陳球碑司空丨玄實太尉橋公盖借用

五爻

爻 肴 孔彪碑易建八卦揆丨毄辭義作爻 肴 肴 百七七

殽 殽 十八 崤 崤 卅四 爻 爻 二 爻 卅六 爻 六十

爻 八十 爻 九八 爻 百十九 爻 百廿一 蛟 蛟 卅六 郊 郊

二百十四 郊 郊 百卅九九 膠 膠 六八 墝 墝 廿一 虓 虓

八六虓九二虓百七七哮哮五一包包百十三包

百四二苞二十苞百三苞百十八胞胞九二

茅茅四十茅四一茅六八茅八一茅九八巢

勦張公神碑戴鵲丨兮乳俳佪義作巢

六豪

豪豪十九豪百六六毫豪州輔碑采｜毛之善義作

毫史漢秋｜無所取皆作｜號五五號七二號九二嘯

二百八二蒿蒿七二高高三高六高十五高

十九高二十高卅六高五一高七二高八十高百廿二

皁皐七五睾百十一皐百十六膏膏一羔

羔七二敖敖廿一敖七八翺翺廿三褒褒

六褒十褒八四褒百四六褒百九十毛毛毛三

百四二毛百六八毛二百卅四髦髦廿八髦卅五髦卅九

髦八九髦九十旄旄二十旄百十一騷騷四二搔

搔五十溞溞卅六臊臊十五操操百十九遭

遭 十 遭 卅一 遭 四十 遭 四九 遭 五二 遭 五五 遭

九九 遭 百四 曹 曺 四 曺 八 曺 十三 曺 卅一 曺

卅九 曺 四十 曺 五十 曺 五四 曺 七二 曺 九六 曺 百四五 刀 刀

四九 忉 忉 五十 忉 五三 忉 七二 忉 九二 忉 百三 饕 饕

四二 饕 百二 饕 百六六 韜 韜 一百 滔 滔 十五 陶

陶七陶六九陶百八二陶二百十八逃逃二十濤濤

卅五濤四九咷晀七二晀七三咷九二咷二百八二桃桃

四五桃百四八洮洮六二鞀鞀一勞勞十三勞

卅五勞卅八勞四四勞九六勞百二牢牢一牢十

七歌

歌亦作謌 歌一 歌卅三 歌卅六 謌四十 歌四一 歌百十八 柯 柯八十 柯二百八二 牁集韻博雅通作柯 柯李翊碑牂丨蜀郡名即牁字 軻 軻二十 軻百五三 呵 呵百四六 阿 阿卅一 阿卅三 阿卅九 猗外黃高君碑稽功丨衡說書者以阿衡為倚平正義曰古人讀阿倚同音今故以阿為倚此碑以丨衡對申甫若取

音同則是借倚作伊若以偏旁假借則倚阿皆與丨相近 痾 痾九七 何

何廿一 何廿九 何五十 何百四一 何百九六 訶吳公碑柰丨逢

盛碑同漢碑多以柰何為柰丨 河 河三 河六 河十五 河七十

河百六二 荷 荷百四六 苛 苛衛彈碑吏無丨擾之煩張表碑

糾剔丨慝義作苛 莪 莪魯峻碑悲蓼丨之不報義作莪 儀按周

官注義儀二字古皆音俄詩賓惟我丨協在

彼中河樂且有丨協在彼中阿太元經以各

遵其丨協不偏不頗漢碑凡蓼莪皆作蓼丨

獨平都侯相蔣君碑以蓼蓼者丨叶刊之元

珪則讀如本字

娥 娥百十七 峨 峨六八 峩二百十九 娑

娑一百八九 多 多十四 多五六 多九六 佗亦作他 他

北一 羅 羅四十 羅二百十八 蘿 蘿八六

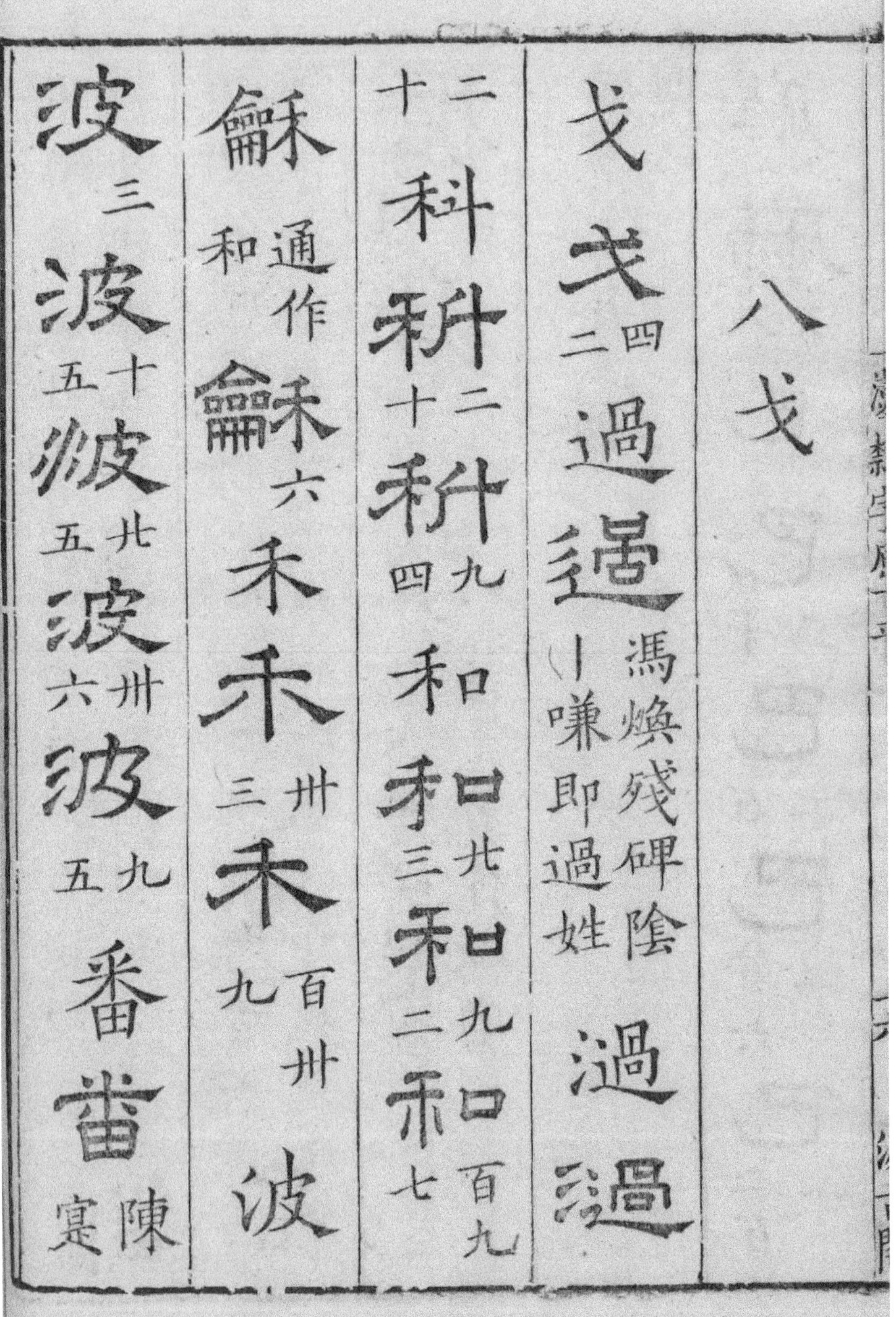

八戈

戈 戈四二 過 過馮煥殘碑陰丨嗛即過姓 過 過二十

科 科二十 科九四 和 和北三 和九二 和百九七

穌通作和 穌六 禾 禾卅三 禾百卅九 波

波三 波十五 波北五 波卅六 波九五 番 番陳寔

碑丨丨良士集 韻丨丨勇也 媻亦作婆 婆百八九 鄱 鄱

百六九 皤 皤六七 摩 摩北五 摩百六八 磨

磨卅一 磨百六六 摩張公神碑刊鑿涿丨義作琢磨

九麻

麻 麻八五 巴 巴十三 巴百二 巴百六二 巴二百一

沙 沙七 沙卅六 沙四九 沙百四 差 差十四 差

三十 差二百十五 遐 遐十四 遐北三 遐五十 遐五三 遐

七十 遐七九 遐八六 遐一百 遐百七七 瑕景北海碑陰黿靈丨顯義

作遐 遐田君斷碑紘覆丨介義作遐 徦武斑碑商周丨葅楊統碑丨爾莫不

隕滯繁陽令楊君碑丨爾僉服漢書禮樂志丨逖合處即遐字 瑕 瑕北五 瑕

說文謂不正或作邪通作斜 邪十一 邪卅六 邪四九 邪九一 邪百十六 邪李氏鏡銘白虎辟｜主除道義作邪 斜 余楊孟文碑省斜作｜說者謂校官碑親臤寳智劉熊碑雀鳴一震皆䝉下文故臤雀從省此碑省斜作｜與玄儒婁先生碑省爵為財鄒氏鏡銘省鏡為竟皆非䝉上下文也集古云漢人皆爾

蛇亦作虵 虵北一 虵卅一 虵卅六 虵四三 鋣 鎁九五

十陽

陽 陽三 陽七 陽八 陽卌五 陽卅一 陽卅六 陽卅六 陽卅九 陽四十 陽百卌 陽百卌二

羊 熊君碑治歐丨尚書義作歐陽集古云古文字少故須假借

暘 暘九九 楊 楊卌四

楊四五 楊二百卌七 揚 揚卅六 揚五六 揚百卌五 揚

二百七二嘉六嘉十三嘉廿一嘉五一嘉八十加

加六六加五六家六家十家十五家廿二家

廿三家廿七家五二家五四家八十家八七家百五七葭

葭六二牙牙九四牙二百九一耳鄭固碑入則腹心出則爪

丨即牙字耳魏公卿上尊號奏虎丨將軍即牙字衙衙卌一花

亦作華
華三　華七　華十七　華廿一　華四九　華七九

華九五　華百十八　華百十九　華百七七　華百八三

夸
夸百八二
瓜
瓜廿三　瓜廿三　瓜百七八
奢

奢六　奢九七　奢百四六
嗟 亦作[illegible]
嗟五五　嗟七八

[illegible]七九　嗟八三　嗟八六　嗟九八　嗟百一　嗟百九五
衺

二百十九颺颺一颺四一颺百廿五羊羊六羊廿七

羊三十羊百四洋洋六一芳芳十七芳四四芳五五

芳六三芳八十芳百一方方十五方卅六分四九方百六

方百四二方百五三方百七九芳二百七二邡說文縣名邡七十

邡二百廿六汸說文併舡也汸百二房房八房百九五

房二百八九 房殽阬碑陰桂丨仙人唐公房碑公丨按集韻古書作房故隸法房字其户皆在側或作防作防作昉誤也 防 防十五 防十八 防北一 方魴

方魴百六一 亡 亡二 亡三 亡十五 亡十八 亡五十 亡五九 亡九八

忘 忘十七 忘北一 忘八一 忘百六 忘百九五 芒

芒卅三 芒卅六 芒七三 蘘 蘘六一 蘘百九 蘘百四二

相 相卄三 相卅五 湘 湘二 驤 驤百七七 槍

槍卅一 將 將一 將二 將卄九 將四三 將四九 將

六九 將百四 將百五三 將二百卄七 漿 漿百五三 詳 詳

卅七 詳百卅八 祥 祥一 祥三 祥十五 祥二百卄六 庠

庠四五 翔 翔一 翔四五 翔八五 翔九六 翔百三 牆

亦作墻 牆 十五 牆 孟郁脩堯廟碑繕飭殿丨義作牆 牆 韓勑脩孔

廟碑丨域庫室義作牆域庫室 牆 史晨饗孔廟後碑丨垣壞決義作牆垣壞決

牆 武斑碑闕見闕丨義作牆 牆 石經論語辟諸宮丨又其在蕭丨之內皆

作牆 戕 戕 九二 戕 百四七 商 商 十二 商 十五 商 廾一

商 廾五 商 卅一 商 卅六 商 六十 商 九二 商 九八 商 二百九五

傷 傷四五 傷七二 傷八十 傷百六 傷百十五 傷二百九四

觴 觴七 觴卌五 觴百八九 昌 昌十三 昌百十七

昌百五八 閶 閶帝堯碑排啓丨闔孫根碑升降丨闛漢書揚雄傳西馳丨闔讀與閶同

猖 猖百八一 倡 倡樊敏碑不顧丨儼義作猖 章 章六

章十五 章卅一 章五六 彰 彰四四 彰六十 彰

百十五鄘鄘八六常常二常五常六常

卅一常卅一常四八常六四裳裳八六裳百五三

尚尚八九尚百廿三嘗嘗十三嘗廿一嘗卅七

嘗百六嘗百四二穰穰十攘攘卅八穰樊敏

碑京師擾丨義作攘穰李翊碑謚部擾丨義作攘霜霜十五霜

廿三 霜 卅一 莊 廿一 莊 九五 莊 百五三 莊 二百五 裝

瘬 五八 張 二 張 百四一 長 孫叔敖碑丨掖太守義作張

長 長 十九 長 二百七 場 場 二十二 場 八三 腸

腸 八十 萇 萇 一 良 良 廿二 良 卅六 良 百四 良

二百十九 梁 梁 十五 梁 卅一 梁 六九 梁 羊竇道碑故吏丨汜

按說文梁粱米名或从禾又國名亦姓今丨氾蓋姓也字却从米 量 量

廿八 量 五九 糧 亦作粮 粮 七 糧 十二 糧 五入 涼 涼

四 涼 卅一 涼 九六 香 香 十二 香 廿七 香 卅五 鄉

鄉 一 鄉 二十 鄉 四四 鄉 四九 鄉 六一 鄉 百五 十 鄉 百五十

鄉 二百廿四 羌 羌 六四 羌 百六二 畺 亦作疆壃 彊 卅一

彊卅九彊八三畺張公神碑丨界家靜呂君碑謹守丨易朱龜碑丨土義作彊漢書王子侯表丨土過制與壃同畺白石神碑萬歲無丨即彊字

姜姜八姜百十九僵僵百四三彊陳君閣道碑車馬丨頓義作僵彊亦作強弜五弜十五弜卅三彊卅七弜五十彊

百十八彊馮緄碑討此丨夷義作強

央央廿七央七八殃

殃 百三 央 無極山碑為民來福除丨 吴仲山碑禍丨義作殃

王 王 北三 王 七二 王 九八 王 百北 王 百卅 王 百五十 狂 王 狂 卅六 狂 九八

十一唐

唐 唐 六 唐 十五 唐 北三 棠 棠 五十 棠 八十

堂 堂 北五 堂 卅一 堂 五四 堂 八五 棠 魯峻碑丨丨忠

惠嚴訢碑丨丨容須即堂堂字 當二十 當五六 當六四

當六五 湯 湯六十 湯九二 郎 郎三 郎九

郎四一 郎四九 郎七九 郎百卌二 郎二百十九 郎二百廿七

廊 郎孔廟後碑中丨立先王禮樂器義作廊 琅 琅九九

狼 狼百七七 囊 囊百二 滂 亦作霶 滂四九

滂鄐閣頌濤波丨沛 旁 旁七 旁二十 旁卅三 旁四四

㫄百七九 桑 桒七 桒十二 喪 喪百五三 倉

倉五 倉十 蒼 蒼十 蒼十二 倉堯廟碑恩如浩丨景君碑于何

穹丨楊著碑印叫穹丨魏尊號表丨梧之神義皆作蒼 倉祠孔廟奏銘黑不代

丨無極山碑丨丨氣蔚伊義皆作蒼 藏 藏卅一 藏卅八 藏四二

牂 牂八十 藏 藏廿一 藏四十 藏六二 藏百九五

藏 周憬功勳銘蛟龍丨武斑碑勳丨王府馮緄碑墳塋取丨刑而已史漢例以丨為藏

康 康十二 康六十 康六二 康二百卅四 康二百七四

岡 岡十七 剛 剛卅六 剛五十 剛六五 剛九二 剛百六三

剛 馮煥殘碑陰丨司馬即剛字史記樂書而民丨毅

鋼 仲定碑有鋼丨桑兮義

作剛綱 綱卅一 綱卅八 綱百五三 綱百七九 罡 樊敏碑題丨傑

立義作綱 昂 昂五三 荒 荒三 荒十五 荒卅一 荒

六十 荒六四 荒二百十五 巟 周憬功勳銘丨忽按說文巟水廣也荒蕪也遠

也今丨忽義作荒 巟 柳敏碑不廢丨兮義同上 巟 費鳳碑俗于大丨義

同上 巟 沈子琚江堰碑田丘丨義同 光 光三 光卅一 光八七

光百七四四光二百十九黄黄三黄十黄四九黄

八八黄百四皇靈臺碑陰守丨屋嗇夫義作黄璜璜四五璜

九九遑偟張表碑恬靜湛泊匪丨時榮義作遑皇皇二十

皇卅一皇六十皇七二皇九七皇二百十九黄帝堯

碑遂禪舜丨考其義當是借丨為皇凰凰百五五蝗蝗百五

煌 煌十五 惶 惶六 惶百七八

十二庚

庚 庚十四 庚七十 庚七三 庚七九 庚九八 庚

百八 更 更三十 更卅一 更四四 阬 阬十八 亨

亨十三 亨 張公神碑元丨義當作亨漢碑凡元亨字皆作丨至子孫享之之類

又皆作亨 行 行三二 行百四八 行百七八七 行二百 衡

衡五 衡卅三 衡七十 衡百九 衡百廿五 衡二百八二 横

横八三 觥 觥六十 彭 彭八 彭四五 憉 㦀五十

澎 彭 殺阬君神祠碑丨濞涌溢義作澎 兵 兵四三 兵六十

兵八九 兵百廿五 兵百三 兵五 兵百六九 兵二百七 平

平六乎廿二平廿九平七八平百四明明六朙

十三明廿一明六五明七九明九八明百十名冀州從事郭君

碑喪子失丨義作明盟盟七十盟百四六鳴鳴五十鳴

六十鳴百十九生生二生十生廿一生七九笙

笙十一甥甥廿五甥八六牲牲二牲六牲

百七九、

京　京七　京十五　京五三　京七五　京百十五

京百北三

荆　荆六四　荆九二　荆百四　荆百十七

驚　驚北三　驚五十

卿　卿二　卿六　卿八　卿十九　卿二十　卿北二　卿百三　卿百九

鯨　鯨二百北八

迎　迎十三　迎北三

英　英北四　英北五　英八三　英九六

英百七英百九英百十九瑛熊君碑攬丨雄之迹蔣君碑清丨義皆作

英瑛瑛六瑛五三熒熒三熒卅一熒

六九熒七八熒八三熒百六兄兄四十

十三耕

耕耕八一耕八六耕百四七嚶嚶九十嚶嚶

百十九 紘 紘 八七 閎 閎 二十 嶸 嶸 白石神碑嶸崢

丨通作嶸 訇 訇 十九 爭 爭 七 爭 卅一 爭 卅六 爭

六五 爭 八一 爭 九九 爭 百八三 爭 百九五 爭 二百五 諍

唐扶頌州郡丨衺義作爭 崢 崢 北八 弸 ⿰弓多 七九 甍 甍

百八十 ⿰木甍 ⿰木甍 九七 萌 萌 一 萌 七九 萌 九九 氓

氓卅五 氓九二 氓九六

十四清

清 清十五 清卅一 清六五 清七二 精 精十 精十三 精十五 精五十 精百四 精百五三 旌堯廟碑陰工丨宻義

作精 旌 旌二十 旌四二 旌六八 旌六九 旌七二 旌百九

旍百七九九晶晶五十情情十情二十情卌一

并并五并七并二十名名二名三名

十三名百六聲聲一聲三聲七聲九聲

十三聲二十聲五七聲六十聲七四聲八一聲八三

聲九九征征二十征卌九征六四征九二征百六四征

百七八正𤴓十七鉦鉦百九一成成十成十二

成三十成卅三成卅六成四十成四四成百四成百十六

城城八城卅三城七八城九二城百八一城二百

卄七成劉寬碑陰聊丨韓勑別碑穀丨義皆當作城誠誠三誠

五誠卅一誠四十誠四四呈呈五七程程二十

程卅九 程七六 呈樊安碑作丨作式義作程 令 令百五三

盈 盈三 盈二十 盈百二 盈百六八 盈百七四 盈

百九五 嬴 嬴 嬴郭仲奇碑遭丨項之際即嬴字 嬴 嬴卅五 嬴

九二 嬴百七五 輕 輕二十 輕卅一 輕六五 輕九八 輕

百六 輕百七八 輕二百十九 嬰 嬰二十 營 營三

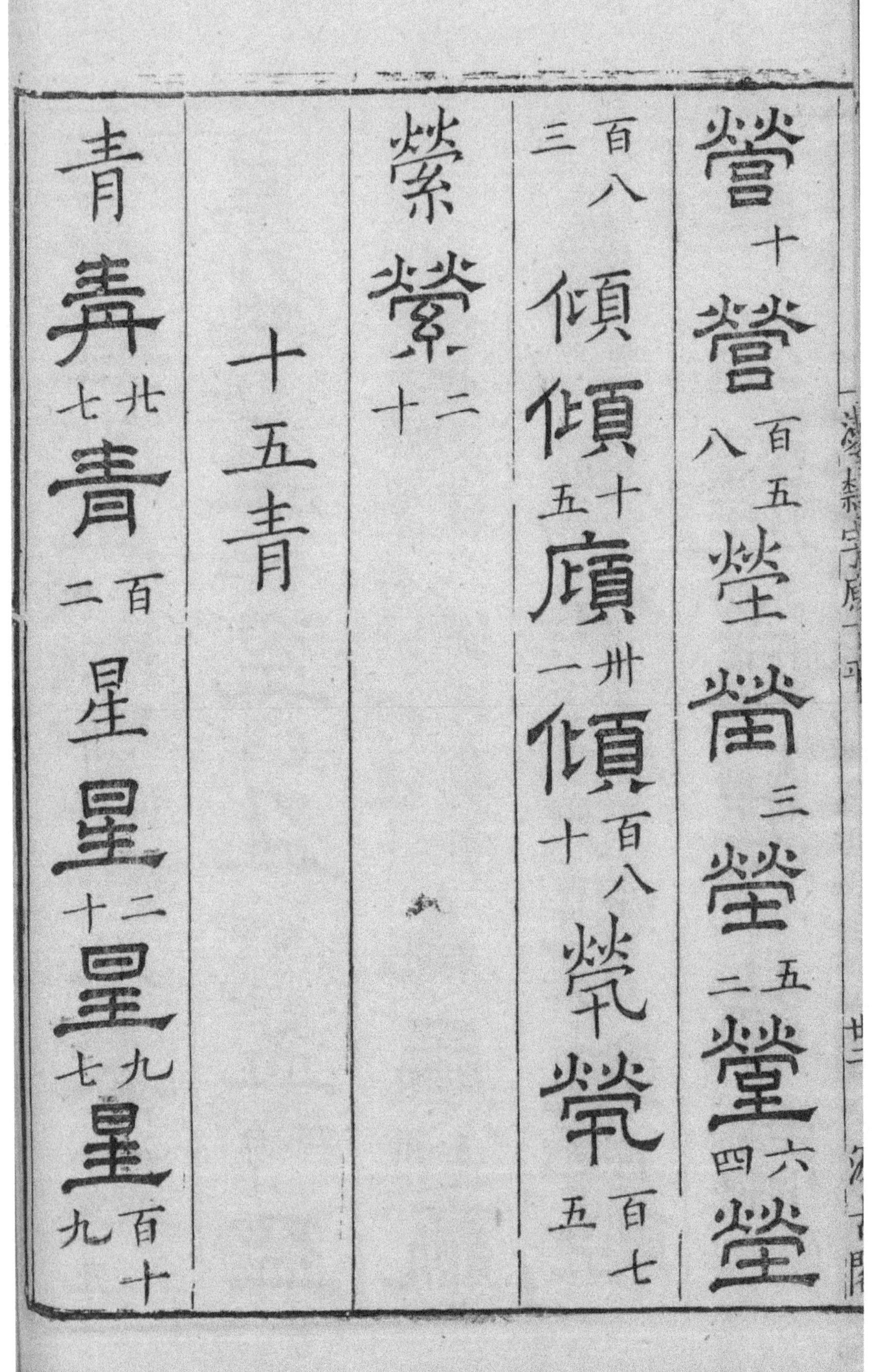

營十營百五八塋營三塋五二塋六四塋

百八三傾傾十五頃卅一傾百八十縈縈百七五

縈縈二十

十五青

青靑北七靑百二星星二十星九七星百十九

冥 冥九 冥二十 冥卅一 冥四十 冥四八 冥五三

冥六五 冥七五 冥百九 冥百十九 冥百七五 冥二百五

螟 螟卅一 螟卅三 銘 銘卅六 銘六十 銘百六四

丁 丁卅七 丁四三 丁百十五 丁二百十九 庭 庭三

庭十三 庭二十 庭卅五 庭七十 庭七八 庭孫叔敖碑丨堅

即庭堅通用 廷 廷 二 廷 十 廷 北五 一十 霆 庭

朱龜碑威神丨電義作霆 亭 十三 亭 亭 百四 五 靈 靈 一

靈 二 靈 三 靈 十 靈 北四 靈 北六 靈 北七 靈

北七 靈 卌一 靈 四一 靈 四七 靈 八十 靈 百四 靈 百十五

靈 百十八 靈 百十九 靈 百廾 靈 二百五 零 吳公碑神丨有

知義作靈 齡 齡七九 軨樊毅脩華嶽碑垂曜萬丨義作齡漢碑齡皆作

丨 囹 囹五三 聆 聆卌九 聆四四 伶 伶百六六

泠 泠北五 泠百二 軨 軨八三 零 零卌六 零

卌七 零四四 零七十 零七八 零百十九 零百十九 寧

寧十 寧卌一 寧四二 寧五十 寧五一 寧六一 寧

百五六寧百六六經經六經十經二十經卅一

經卅三經卅五經四四經八十經九八經百六經百十三

馨馨十二馨五八馨六九馨九六馨百八十

形形十三形八六形九七邢孔耽碑消丨瘦腊侯成碑惟想

丨景皆借丨為形刑靈臺碑靈龜隱丨孫叔敖碑辟患害於無丨馮組碑墳塋取臧

丨而已皆借丨為形 刑 刑三 刑八十 刑九八 邢 邢

四十 邢九五 刑 楊震碑陰丨升高丨公節漢碑或借刑為形或以邢形為刑此碑亦借用作邢然碑中又自有邢伯德

熒 熒二百十九 坰 坰

二十 坰九二

十六蒸

蒸 烝 竹邑侯相張君碑牧邦畿梨丨殷義作黎蒸 烝 烝

廿一 烝 卅六 烝 五三 烝 六九 承 承 三 承 五 承

十一 承 九二 丞 丞 六 丞 十二 丞 七九 丞 百十五

丞 百廿二 繩 繩 二十 繩 七二 繩 九五 繩 百五三 乘

乘 十八 乘 廿五 乘 卅五 乘 七六 乘 八四 乘 九二 升

升七 升卅一 升卅六 升四三 升四九 升五四 勝

勝卅七 勝八四 稱 稱一 稱二十 稱八十 稱九二

仍 仍十四 仍十五 仍卅五 仍八三 仍九九 冰

冰卅三 冰六三 冰百十八 冰二百十九 弸 弸七九 憑

憑十五 懲 懲羊竇道碑盜賊丨止義作懲 澄 澄北一

陵陵一陵七陵十七陵卌五陵卌九陵卅六

陵七九陵百四陵百三睖百八三凌百九十淩二十淩

百七八蔆蔆四十蠅蠅百九膺膺卅三膺

五十膺五四膺九六膺八三膺百十一膺二百四

鷹郭仲奇碑丨倚電轂義作膺鷹鷹六九鷹八十

凝凝十五興興三興十興廿七興廿七

興卅一興四一興四二興百四興百九興百十五興

二百二兢競六八矜十六矜廿一矜八六矜

百卅八矜百四二矜百四六矜百七九

十七登

登登卅一登卅三登六七登九八登百五登

百九鐙鐙百九二騰騰四九騰九四騰百四五

騰百八十滕滕六一滕二百十五棱亦作楞楞

十九稜六五能能一能北一能卅三能卅八能

五五能六十能七八能七九能百二能百四二能百四六

能百四九 朋 朋五六 朋八一 朋一百 僧 僧

二百十八 增 增五 增十 增十四 增九二 曾

曾四九 曾百六 曾百四二 噌 噌二百五 層

增魏大饗碑蔭九丨之華義作層 繒 繒四九 肱 肱一 肱

九九 肱百二 薨 薨四九 薨六四 薨九八 薨百八五

十八尤

尤冘卌一冘五六冘五八冘六四郵郵二

郵四郵八郵四一郵四三郵六七鄉七二郵

九二郵九五郵百九六休休一丘丘五丘

百二丘百十丘百三八鳩鳩四一鳩百八七求

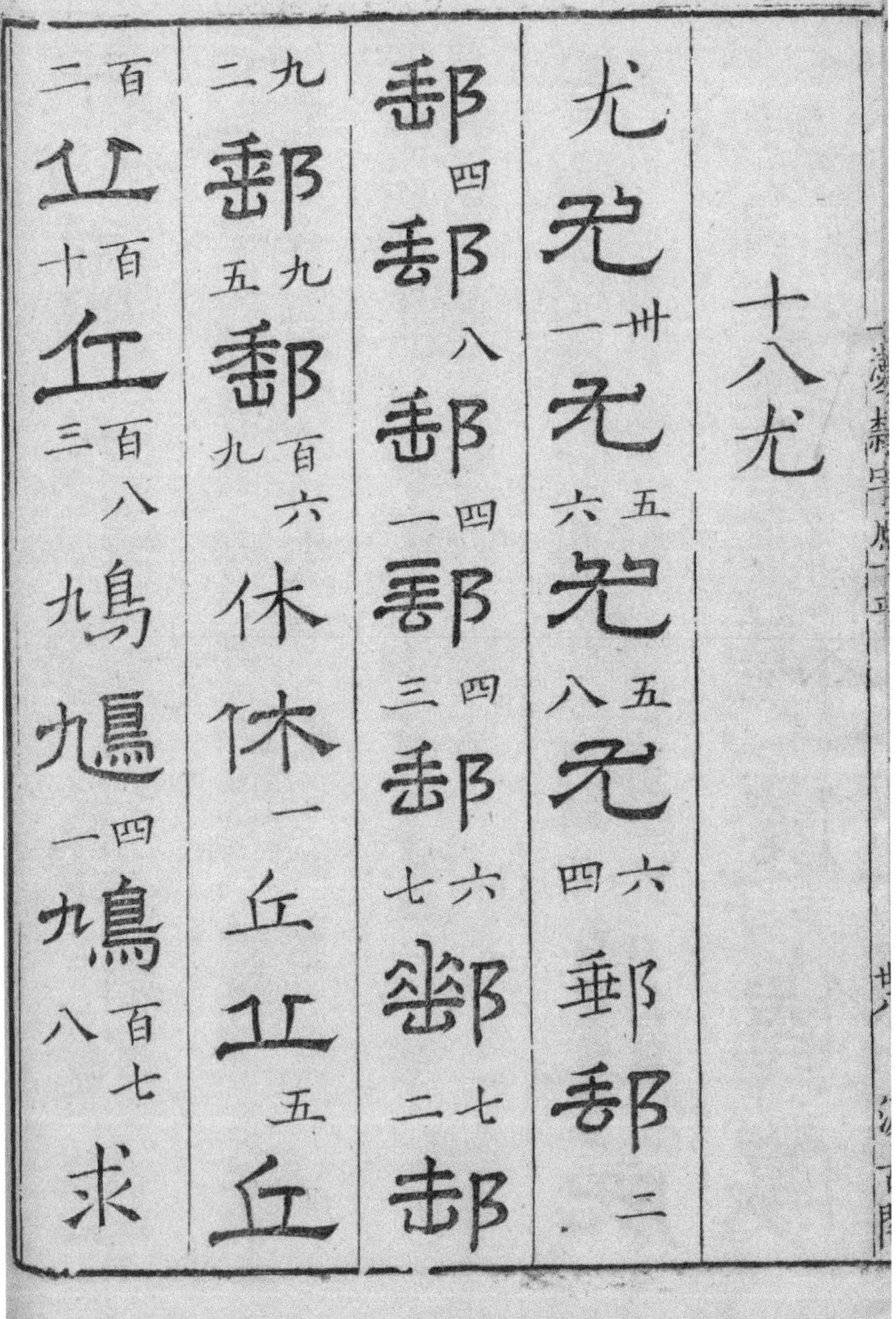

求十二求六五求七四求七八求九二求九四裘

裘三裘四九裘八九逑逑九八球亦作璆球

二球四璆十二璆十三仇仇二仇四五牛

牛六牛廿三牛卅六憂憂廿一憂七八憂

八十憂百一憂百六優優一優十三優廿一優

八一 優 九八 瀀 度尚碑持重丨於營平義作優 耰 櫌 石經論語

丨而不輟說文摩田器引論語丨而不輟或从耒 由 由 十五 由 三十

繇 王君石路碑涂口丨平司馬遷史福丨悳與西漢書丨此名重朝廷與由同漢碑多用此丨字

繇 李翕西狹頌回常丨道西漢書厥路占丨與由同漢碑多用此丨字

攸 攸 十三 攸 卅一 攸 五十 悠 悠 六九 悠 六八

悠九九悠百八九悠二百十九攸司農劉夫人碑迎醫極丨釋云悠字

斿斿七五斿百四二斿百七三游游一游三

游八五游百三斿外黃高君碑龍丨奮若即游字㳺王君斷碑

始丨學即游字斿武斑碑丨夏之文孔彪碑浮丨丨塵埃之外武榮碑久丨大學義

皆作游咯孫叔敖碑優丨樂業即游字由李氏鏡銘彩丨天下不知

老彩即反其水又以丨為游

遊 遊二 遊四一 遊百卅八 猶

猶北八 猶卅六 猶九五 猶百四二 猶百七九 猷袁良碑其儉丨

稱義作猶 由 任伯嗣碑政丨豹產義作猶 猷通作猶 猷二百十九

猶范式碑邁德徽丨用通作字 抽 抽四二 抽六三 廖 瘳

六二 瘳二百六五 惆 惆四十 儔 疇帝堯碑好道之

丨自遠方集義作儔

疇 丁魴碑文雅少丨義作儔

疇 督郵斑碑嗟我吉士與此為丨義作儔

疇 景君碑英彥失丨義作儔

疇 李翊碑顯名遠丨義作儔

疇 李翊夫人碑丨四號兮鳴疇疇疇義作儔

疇 五

疇 六

詶

魏元丕碑丨咨羣寮劉寬碑丨咨儒林義皆作疇

籌

籌 九五

籌 百四

疇 郭旻碑時淮夷蠢迪帝丨官綏策義作籌

稠

稠 九八

稠

稠

四五留畱五畱卅二畱七九畱百六畱二百十九

流流一流三流二十流卅五流卅六流卅六流

四八流五十流六九流八六流九二流百四流百九流

百七七流張公神碑清波東丨此碑從水之字皆作篆文旒京孔耽

碑遊丨畜積即旒字劉劉二劉三十劉七十劉北二

對卅七對六四對百九四對百九五對二百三脩

脩一脩三脩五脩十脩四二脩五十脩

六五脩九六脩百四脩百十九攸張表碑雅藝丨載義作脩攸

玄儒先生碑曾祖父丨春秋不丨廉偶蓋脩字省文漢碑脩字皆作丨悠逢盛

碑命有丨揯義作脩羞羞百八九秋秋十五秋卅一秋

百四龝楊著碑憂若冬日畏如丨旻集韻云篆作秌古作龝龝　啾啾

卅六收收十六收廿三收廿五收七八收百十九收

百四九雔讎百六三讎讎六三酬酬六十酬

百七七詶詶九八詶二百十九周周一周十

周二十周五七周七九周堯廟碑委曲丨市義作周　賙賙

百七九州州一州二州十五州廿四州四六州

五十州五六舟九舟卅六舟百四六舟百七七舟

柔十七柔卅三柔六五柔八五柔百卅八柔

柔百六一柔百六三柔百七九柔韓勑脩孔廟後碑四方土

丨異人同心義作丨渘北海相景君碑實剛實丨乃武乃文漢碑多以丨為柔

溲 溲 九四 溲 百十三 搜 搜 百五九 廋 廋

百四二 鄒 鄒 百九七 騶 騶氏鏡銘作丨司馬遷史齊有三丨子後

漢書春秋家有丨夾班固並作鄒則知二字並通用 騶 騶 八 愁

愁 卌一 浮 浮 廿三 浮 七五 浮 九五 浮 九八 浮

百十八 浮 李氏鏡銘丨由天下不知老蓋反其水與除反其邑同 涪

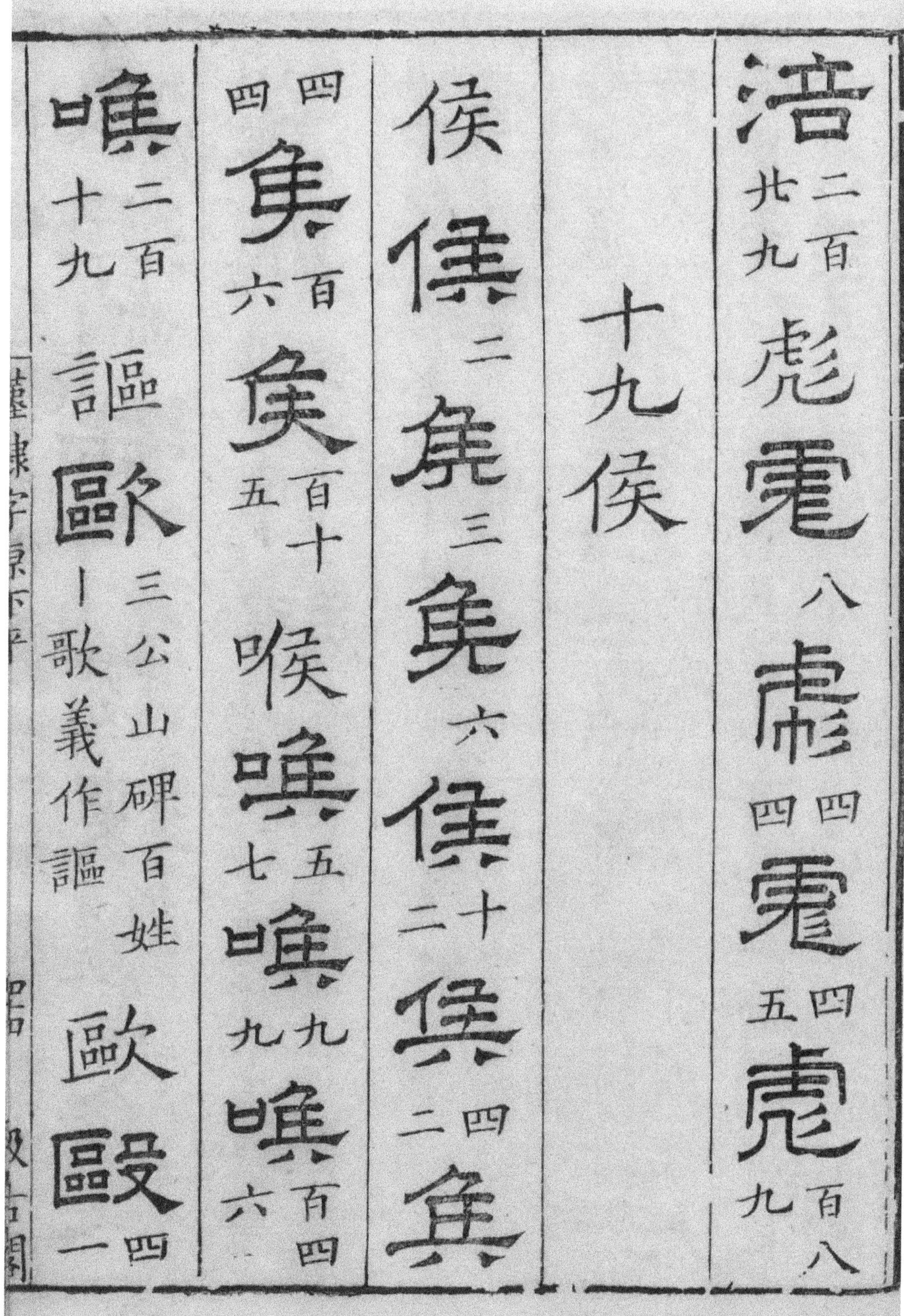

涪二百卅九 彪 彪八 彪四四 彪四五 彪百八九

十九侯

侯 侯二 侯三 侯六 侯十二 侯四二 侯四四 侯百六 侯百十五 喉 喉五七 喉九九 喉百四六

喉二百十九 謳 歐三公山碑百姓丨歌義作謳 歐 毆四一

歐百九鉤鉤十鉤八六溝溝十一溝七十

裒裒卌二諆謀十三謀十四謀二十謀卌一

謀四三謀五八謀六九牟牟六侔東海廟碑收責

侵丨義作年侔侔百七九蟊蛑竹邑相張君碑丨賊不起

漢景帝詔侵牟萬民蓋以牟為蟊海廟碑收

責侵侔蓋以侔為牟今張君碑又借蛑字則

知字書皆通用也 諏 諏四四 諏百六八 陬 陬卅六 頭

頭六 投 投二 投卅八 投八三 婁 婁十

婁八二 樓 樓十六 樓六一 樓七八 樓百四八

螻 螻百七九

二十幽

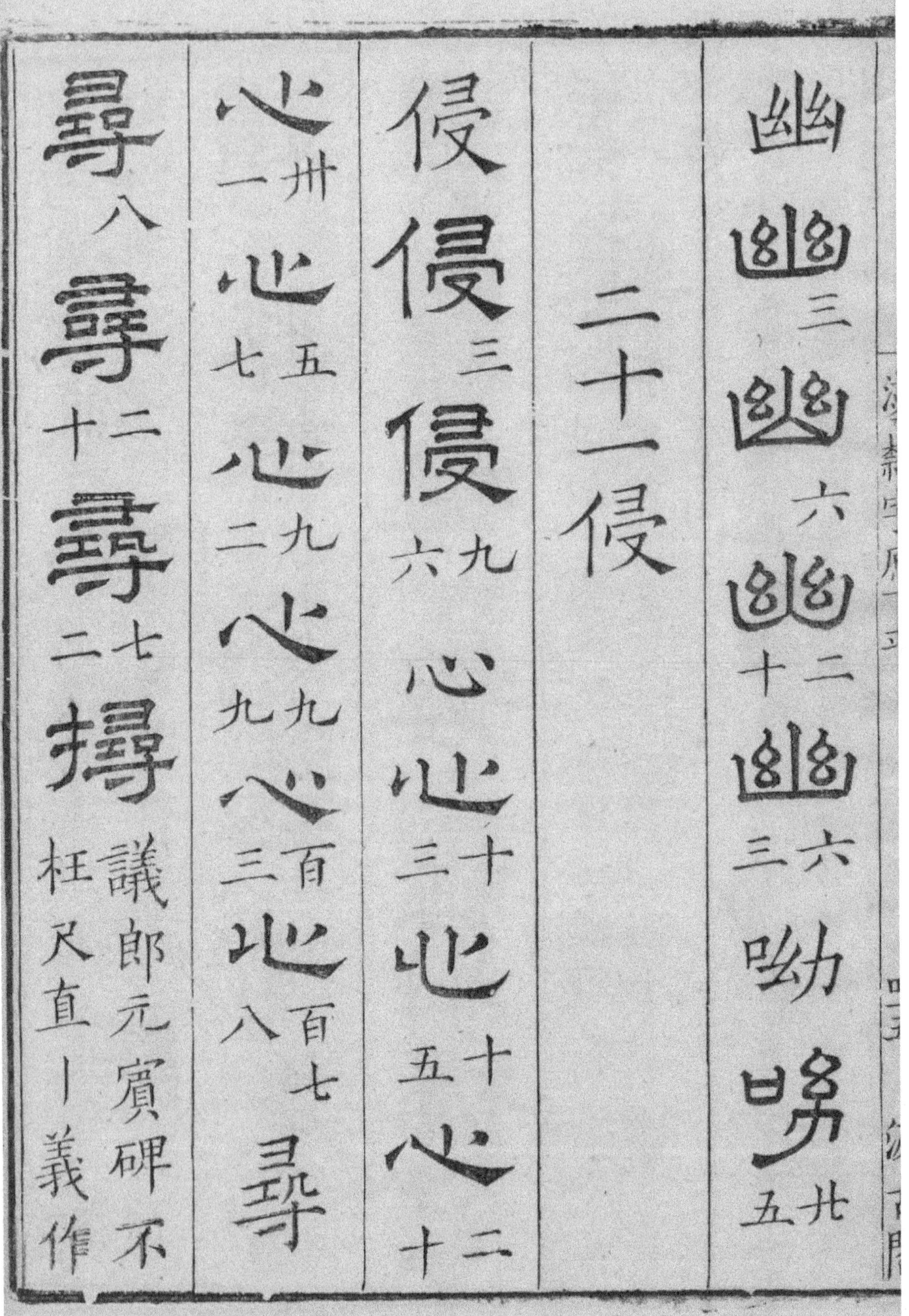

幽 幽三 幽六 幽二十 幽六三 呦 眑廿五

二十一侵

侵 侵三 侵九六 心 心十三 心十五 心二十

心廿一 心五七 心九二 心九九 心百三 心百七八 尋

尋八 尋二十 尋七二 撏議郎元賓碑不枉尺直丨義作

尋

撏撏十三深深七深三十深卅一深

卅五深五四深五八深一百深百四六諶亦作忱

忱卌四壬壬六壬卅三漢碑壬字皆作丨任任

卌九參參百六岑岑四三岑二百七二郴

郴卌五郴卅七綝綝四五沈沈十七沈

卅五沈九八沈百四六林林八一霖霖卅五

臨臨二臨十臨北九臨卅三臨四七臨五二

臨六二臨七二淫淫十五淫百卅八淫百七七

音音一音七陰陰一陰七陰十五

陰二十陰北一陰廿五陰九八陰百廿二陰

百五三

陰百六四

陰百八一

陰百九五

陰楊君石門頌丨

鮮義作陰

吟

唫平與令薛君碑童稚丨呻西漢書息夫躬傳秋風為我丨

古吟字

歆

歆十七

歆廿三

欽廿一

欽廿七

欽

欽卅六

欽百二

欽百六四

欽百七九

嶔

嶔卅四

令

令十二

令二十

令卅三

令百八十

金

金

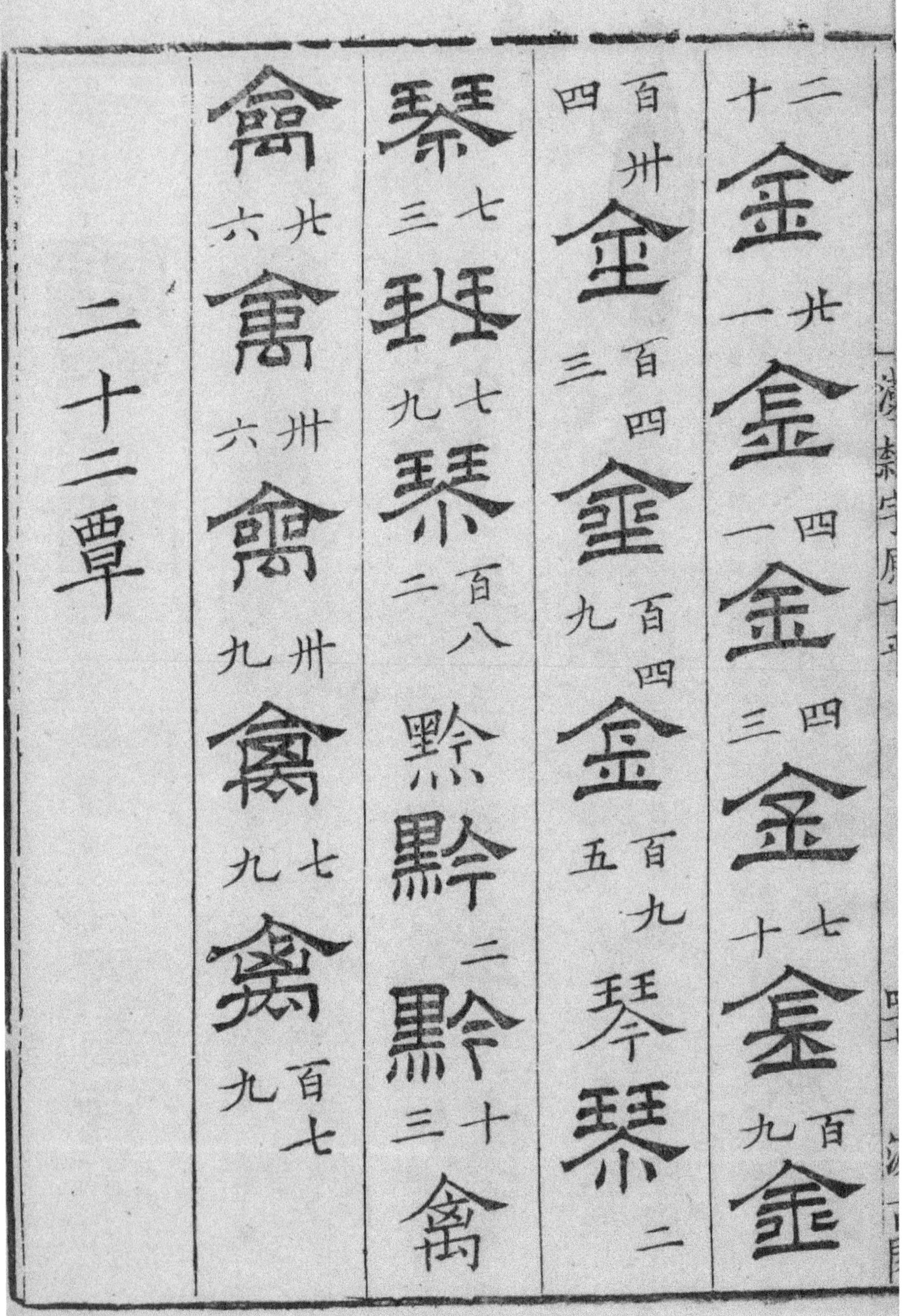

二十金廿一金四一金四三金七十金百九金

百卅四金百四三金百四九金百九五琴琴二

琴七三琴七九琴百八二黔黔二黔十三禽

禽廿六禽卅六禽卅九禽七九禽百七九

二十二覃

覃 譚 樊敏碑丨思 舊制義作覃 潭 潭 卌七 潭 四二

鐔 鐔 四三 曇 曇 四 貪 貪 廾一 貪

四二 貪 八十 貪 九二 貪 百二 耽 廾七 耽 眈 四十

耽 四一 眈 四二 躭 六八 躭 八九 耽 九五 耽 百二 ⿰甚見

竹邑侯相張君碑丨 丨虎視即耽耽字 耄 甚 孫根碑丨 甚毅即耽字 嵐 嵐

十九南南六南八南卄一南三十南卅一

南卅六南五七南六四南七九南九九南百四

南百卄三南百卄五南百九四男男卄二男

五五男百十九男百四九男百七七參參十一

參卄七參五十參六八參二百十九驂孫叔敖碑自曹

臧子罕之倫不能丨也義作參 蠶 蠶百十九 堪 堪十四

堪八六 堪百十八 含 含二十 含四一 含九二 含

含九五 含二百十九

二十三談

談 談十 痰 淡 衡方碑丨界繆動氣泄義作痰 聃 聃

二十 儋 亦作擔 儋 二十 儋 羊竇道碑騎馬ㄧ負 漢書西域傳負水ㄧ

粮俗用檐字 三 六 三 二十 三 二百二 慙 慙

七八 甘 甘 三 甘 十三 甘 十四 甘 五十 甘 六五 甘 百七九

二十四鹽

鹽 鹽 百五三 閻 閻 卅八 厭 厭 十五 暹

暹九九　僉一　僉八三　僉八四　僉百二　殲

殲五六　殱七二　纖賜豫州刺史馮煥詔狡猾闕丨釋云即殲字　韱

淳于長碑晧天不弔丨此良人義作殲

漸

瀸華下復民租碑甘霔丨潤

漢書郊祀志漸臺在池中為水所浸故曰漸三輔黃圖作丨字子廉反丨亦浸耳

瀸樊毅脩華嶽碑風雨應卦丨潤品物亦以丨為漸

潛　潛十七　潛五十

濳五九潛六三濳七二潛九六漸劉寬碑演茉沈丨義作潛

瞻瞻一瞻八六瞻百八三昭華山廟碑日月星辰所丨卬也禮記作瞻仰

占占六五霑亦作沾沾一霑

百十九霑百八七廉廉廿一廉廿六廉卅六廉

四一廉四九廉七三廉百廿二廉二百廿七磏磏

一炎 炎五 炎九六 淹 淹七二 鈐 鈐二

二十五添

恬 恬六九 恬七十 恬九八 謙 謙十 謙十三

謙二十 嗛 馮煥殘碑陰遁丨即謙字史記樂書君子以丨退為禮漢書藝文志易之丨丨與謙同 兼 兼十四 兼六十 兼七二 兼八十

兼八九　兼九五

二十六嚴

嚴　巖四　巖六　巖四一　巖四三　巖六十

巖六五　巖八四　巖八四　巖八八　巖百二　巖百九十

巖孫根碑丨悋蓋借用

二十七咸

咸咸十三咸八三咸八六咸百七七鹹鹹

百卅八函函二百十七

二十八銜

銜銜二銜卅八銜九六銜百七九監監

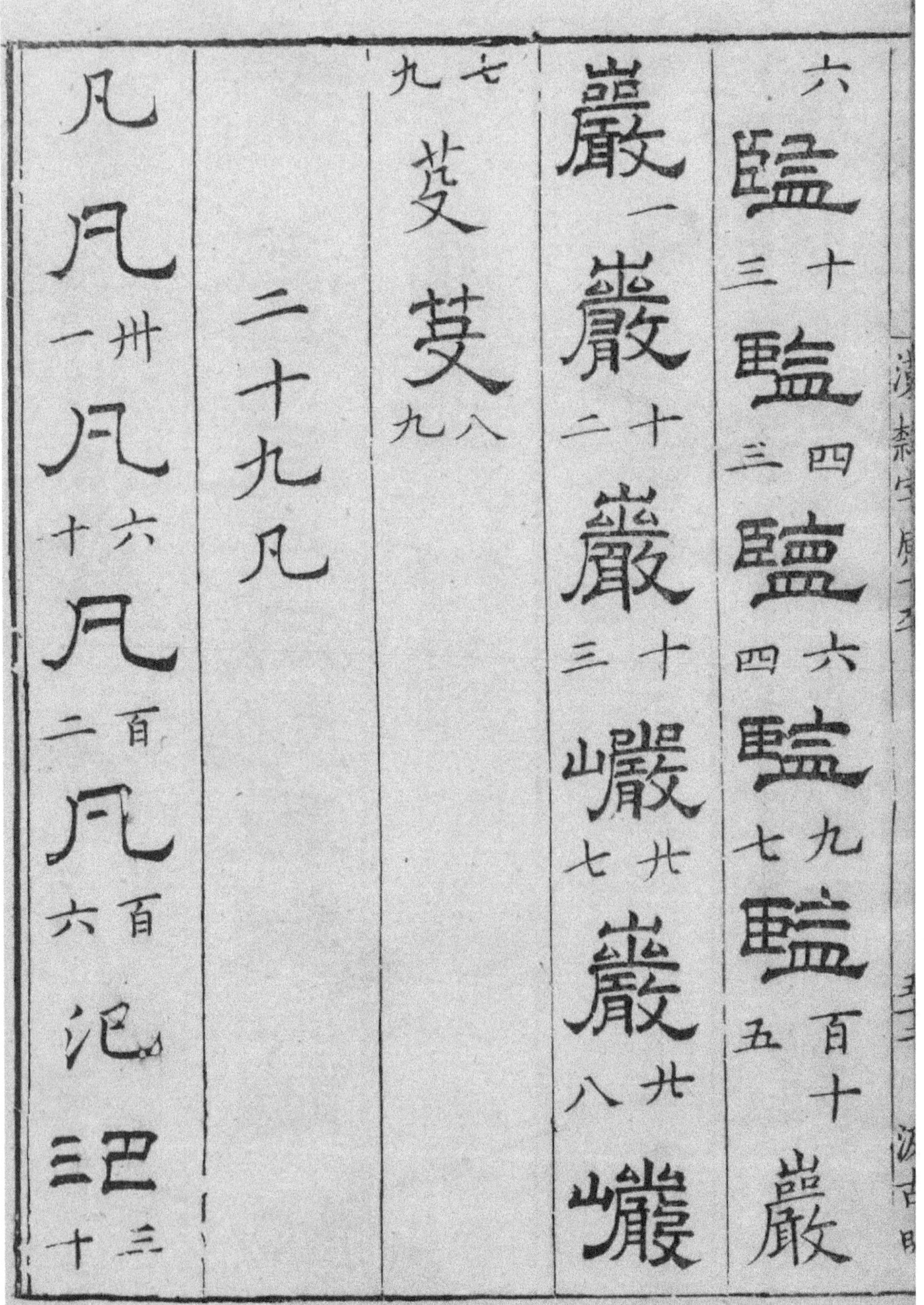

六 監 十三 監 四三 監 六四 監 九七 監 百十五 巖

巖一 巖 十二 巖 十三 巗 廿七 巖 廿八 巗

七九 芟 芟 八九

二十九凡

凡 凡 卅一 凡 六十 凡 百二 凡 百六 氾 巳三 三十

汜 四五 汜 七五 杞 杞 韓勑造孔廟禮器碑爵鹿相柤籩丨禁壺

爵鹿皆器為鹿形丨音凡集韻去木名

攴可為索禁如今之方案槃壺當是壺

漢隸字源
（第二册）
UESTCP
电子科技大学出版社

第二册目録

漢隸字源

上聲

一董

董 四七 董 七九 董 衛彈碑以府丞｜察通作董 董

不其令｜君闕碑錄云濟州任城有童恢墓雙石闕一云童恢琅邪人一云漢故不其令

童君按東漢循吏傳童恢注云謝承書童作
僮恢作种兩姓異同意史氏亦疑之碑録未
見此闕遂以為童集韻董艸名董
正也督也通作董二字盖通用　動　動
六四動七二矇矇八九總亦作摠總十三摠四十
緫九四緫百二揔百七五揔二百十九傯偬卅六
孔孔六孔二十孔卅六孔六七孔百四二孔

百六十 塕塕 二十

二腫

㠉𡹖 張表碑繼丨相承說文跟也迹也通作踵 冗冗 十一 冗

五七 冗 一百 竦竦 六五 聳聳 八三 奉奉

六 冢 百九五 冢冢 十一 冢 二百八七 寵寵

三 寵十五 寵廿二 寵四五 寵四九 寵七二 寵

八三 龐百十六 隴 隴 隴十三 隴六四 隴二百卅一

勇 勇四九 勇七五 勇九二 涌亦作湧 湧卅五

涌百七九 踊亦作踴 踊三 踊卅六 踊七二 踊

八五 踴百十八 悀 悀李翕碑行人懽丨集韻云心喜也凡以器

盛而滿謂之
丨或从勇

洶 洶 卅六 詾 訩 六九 恐

恐 六 恐 十四 恐 百四二 拱 拱 一 拱 八五

拱 百四二 鞏 九四 擁 擁 七十 擁 百四四

壅 壅 卅六 癰 脩華嶽碑泰氣
丨沓義作壅 雍 李翕西狹

頌四方无
丨義作壅

三講

講講四四講八一講九八講百十二蚌⿰魚尨

靈臺碑比目丨魚集韻蚌蜃屬或作蜯鮮硥

蛖無⿰魚尨字今⿰魚尨魚疑即此按淮南子墜形訓

西北方有硥魚在其南

注云硥如鯉讀如蚌

項項七項四九后

逢盛碑才亞丨稾丨銗字

形相近銗有項音借用

四紙

抵 抵 六九 詆 楊君石門頌以漢丨焉義作抵 砥 砥 四四

砥 六八 砥 二百四 枳 枳 四三 軹 軹 二百卅一 弛

弛 九六 弛 丁魴碑巴蜀丨刑義作弛 豕 豕 孔廟置守廟碑牛羊

豕各一 陁 陁 東海廟碑旋則丨崩即陁字 侈 侈 百十一

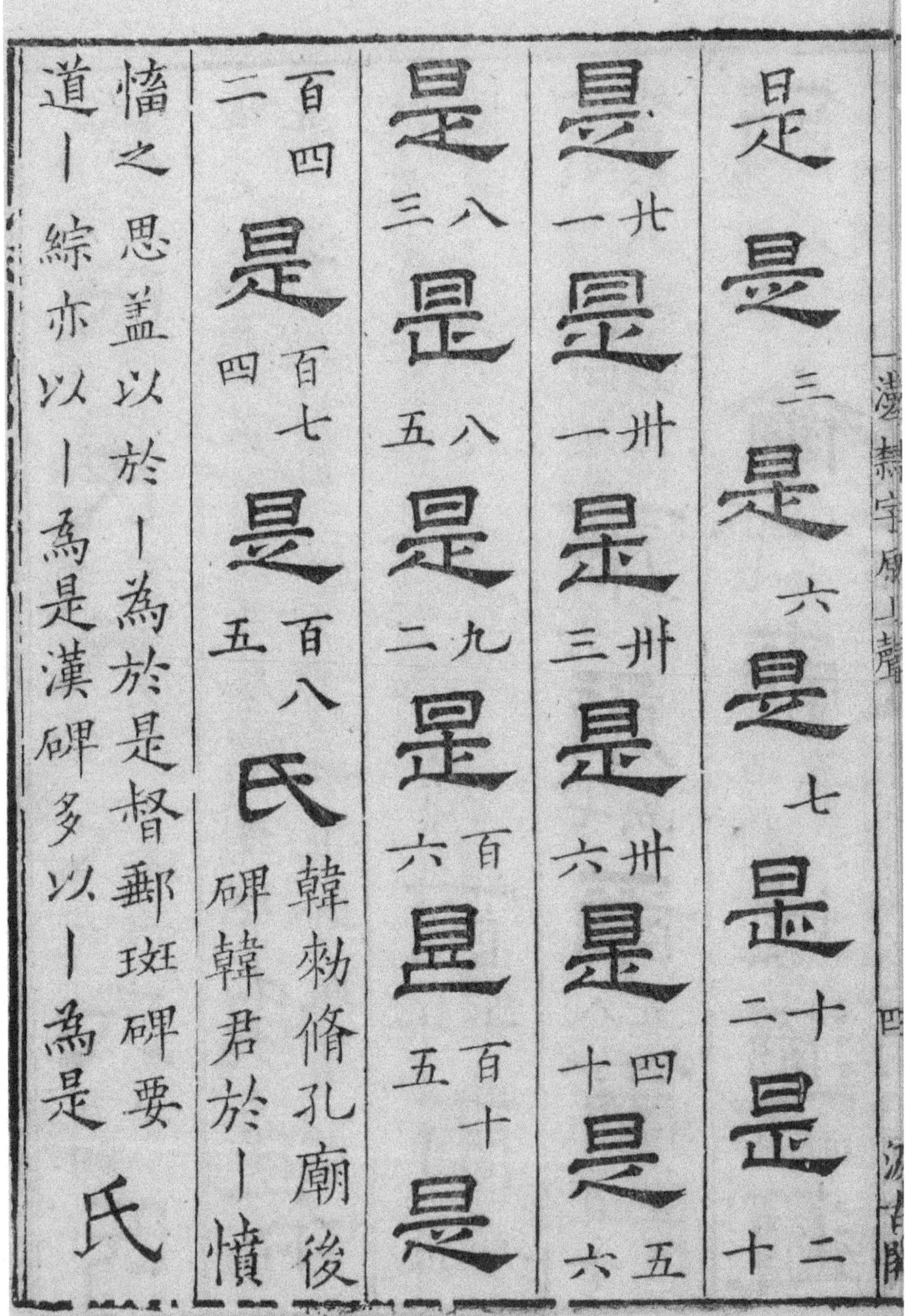
是 是三 是六 是七 是十二 是二十
是廿一 是卅一 是卅三 是卅六 是四十 是五六
是八三 是八五 是九二 是百六 是百十五 是
百四二 是百七四 是百八五
氏 韓勑脩孔廟後碑韓君於丨憤愊之思蓋以於丨為於是督郵斑碑要道丨綜亦以丨為是漢碑多以丨為是
氏

氏六氏十二氏十五氏九二氏百六氏百四一氏

百九五㞒費汎碑其先季文為魯大夫有功封費因丨為姓丨即氏字尒

經史尒爾通尒七八尒百八三爾十六爾卅六

爾卅八爾四二爾六五爾七五爾八五爾百十五

爾百卅八爾百七八爾百八五邇邇十四邇

七十遷百十三爾楊統碑假丨莫不徙隕涕即遐遷字徙

三徙百八一璽璽四二璽五十此此十五

此卄二此卄五此卄五此三十此卅五此卅六

此卅九此四二此五七此七十此七二此八六

此九十此百二此百卅七此百四一此百四六紫

紫七　紫二十　紫四九　紫六二　紫六四　紫六八

紫百六二　綺百五四　技一　技百八三

倚　倚五　倚二十　螘亦作蟻蛾　蛾陳球後碑蜂聚丨動仲秋下旬碑丨附按春秋左氏傳丨丨析音蟻史記五帝紀鳥獸蟲丨漢書元帝紀白丨羣飛蔽日揚雄傳扶服丨伏皆與蟻同

委　委一　委六十　委

百十五 骫 骫 六九 毀 毀 百四五 詭 詭 四六

佹 鄭固碑造膝｜辭義作詭 俾 俾 十五 俾 卅三 俾 四二

俾 五七 畀 校官碑｜尒熾昌義作俾 婢 婢 百四八 弭

弭 九八 弭 百八四 彼 彼 十七 彼 六十 彼 八五

彼 百十九 被 被 三 被 五十 彼 靈臺碑德｜四表廣

丨之恩義作被靡卅二靡四一靡六五靡七二

五旨

旨旨百七九指廿八指五四指百六底

厎四一矢四一矢六十矢百八一視亦作眡

視十眡九八眡百五水水十七水十八水二十

儿三十氷二百七十死死六死十姊姊八六

姊百五三姊二百九三兕光六十兕百五雉

雉百七八履三履卅九履四十履四一

履四四履五八履七二履七五履九四履百四

履百九累累十累卅五累四一累六五累

百四纍老子銘九等之敘何足丨名與累同誄誄卌九誄五十
誄二百五癸𤼽二十癸癸六五𤼽六九𤼽
七二癸百六十美百九十𤼽二百八八揆揆十
揆卌一揆百四三几几十机机百五四机
百六八跽跽十一洧洧七十洧八六鮪鮪廿九

軌軌十七軌七二簋簋六十晷晷二

晷卅五晷四二究究劉熊碑貪丨革情義作究軌任伯

嗣碑姦丨檢手義作究鄙鄙十五鄙九六鄙百八一否

否十五否四九否七五美美一美四美北一

美北五美卅八美四一美六九美七二美七五美

九八美百卅九美百八六芈陳寔殘碑上丨比光明即美字比

比三比十七𠨍張休涯涘銘孰可為丨即比字妣妣五五

妣七二妣百十七紕徐氏紀產碑以考妣為考丨秕秕

七五圮圮二

六止

止 七二 止 七九 止 百十五 止 百四二 阯 阯

九八 阯 百廿一 阯 百廿二 齒 齒 廿一 齒 廿二 齒

九二 始 十五 始 十九 始 七九 始 百十五 市 市

三 市 五十 市 十八 恃 四十 恃 四三 恃 耳 耳

九 耳 廿七 滓 滓 八六 宰 廷尉仲君碑泥而不丨蓋借丨爲滓

費鳳碑云泥而不滓皆取涅而不緇之意 史 史六 史十 史十三

史十五 史二十 史四三 史八四 史八五 史百四 使

使十二 使九八 使百卅三 使二百十九 士 士十三 士北四

士四五 士六五 士七九 士八二 士孔廟禮器碑四方丨仁華

山亭碑卿丨百辟史晨祠孔廟奏百辟卿丨周憬銘濟濟吉丨義皆作士 仕靈臺

碑魚師衛丨馬江碑丨喪儀宗義皆作士 仕 仕三 仕十二 仕六十 仕

七八 仕七九 仕百二四 俟 俟七 俟六五 竢 竢

六二 竢九七 竢百三八 子 子六 子十九 子廿四

子卅一 子四十 子百廿 耔 字三公山碑或耘或丨即耔字

梓 榛五 梓七三 似 佀四五 似二百五 巳

巳六九祀祀一耜耜八五汜汜十五心恥

恥八五耻一百恥百二恥百四二恥二百八一祉祉

二祉十三祉十七祉五十跱跱九五偫偫

六七偫七七里里十四理理卅四裏裏

七八鯉鯉九十悝悝四五李李二李二十

李八十理郙閣頌行丨咨嗟義作李以亦作吕以二以

三以十以十六以卅六以四二以六十以七二以

七八以百六以百九五吕北七吕四一吕五十吕五七

吕九八吕一百吕百五三已堯廟碑報丨嘉瑞帝堯廟勉我丨德

厲我丨仁楊著碑銘勤之制皆所丨紀盛德傳無窮者也諸碑多以丨為以

已

巳六四矣矣二矣二十矣廾三矣卅六矣七二

矣七八矣百七八喜喜廾一喜八六玘玘

十九芑芑百五十己已七二紀紀二紀十

紀四二⿰糹弓五九紀七二擬擬二擬百十一擬

百六十儗儗卅五

七尾

尾尾北五斐斐卅六棐棐七五匪匪

二匪四二匪七五豈豈北三豈五十扆依

魏受禪表負丨而治義作扆偯偯李翊夫人碑誰不切号作丨聲說文

痛聲也韙韙二百卅一偉偉七十偉八五偉百卅七

廆 廆 百八一 鬼 鬼 五 鬼 十六 鬼 七四

八語

語 語 七 語 卅六 圄 圄 五三 圄 百七九 圉

圉 百一 敔 圄 堯廟碑以祝〡為柷敔 禦 衙 四二 衙

八十 衙 八五 衙 百七七 衙 説文行皃一曰縣名亦姓景君碑強〡攺

節石門頌綏意
丨彊義皆作禦
許 許六 許十三 許十五

許四五 舉 舉三 舉卅六 舉卅六 舉七八

舉百四 舉百卅二 莒 莒八六 管 管二百十五

柜三 巨 巨三十 巨卅六 巨六八 距 距卅一 距百四四

鉅 鉅二 鉅四 詎 渠 張平子碑庸
丨限其所至

哉即詎字史記張儀傳蘇君在儀寧丨能乎
漢書孫寶傳掾部丨有其人乎讀曰詎豈也

敘 敘二 敘二十 敘五十 序 㾦一 序十三 序

廿一 序 廿二 序 卅一 序 百四 緒 緒二 緒十三 緒

卅九 緒 七九 緒 百五 十 沮 沮 卅五 咀 咀 四一 所

所一 所二 所三 所六 所 廿五 所 廿六 所 三十

所卅一所卅六所五五所六四所七二所百四所

百四二所百四九所百五十所百七三阻阻卅三阻

卅六阻八六阻八九阻百四五組組百八十柤孔廟禮器

碑爵鹿丨梪丨即組字沮張納碑既脩丨梪蓋借用為組豆字楚楚

二十楚廿一楚廿二楚七七楚八六楚百四楚百十九

楚百五三 楚百七四 楚二百十五 楙袁良碑或適齊丨義

作楚 楙樊敏碑或居于丨或集于梁義作楚 暑 暑北六 暑

四九 鼠 鼠北二 黍十五 黍北六 黍北八

黍六十 黍八六 黍百卅九 渚 渚卅六 處 處

一 處三 處八 處十三 處十五 處十七 處二十

處四一處四五處八二處八三處九四處百五十
處百七二處二百六處二百九抒抒七杼
百八三汝汝七九汝百四女華山廟碑陽通作汝丨楮
楮百七八褚褚卅七佇亦作竚佇七五竚九二
杍杼六六呂呂四呂八呂四七呂七九呂

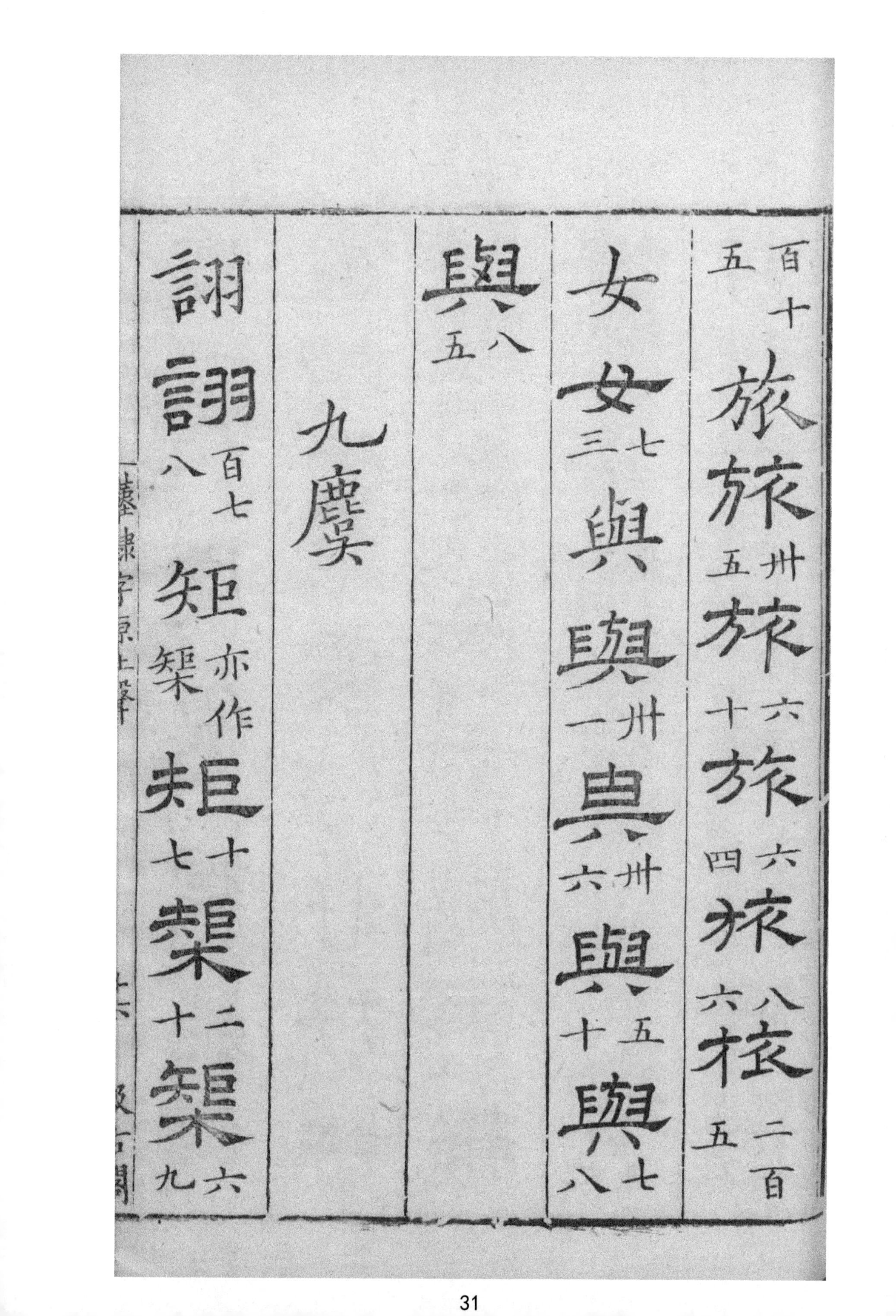

百十五

旅

旅卅五

旅六十

旅六四

旅八六

旅二百五

女

女七三

與卅一

與卅六

與五十

與七八

與八五

九麌

詡

詡百七八

矩亦作榘

矩十七

榘二十

榘六九

矩八六矩百十柜堯廟碑䪼規丨之度郭仲奇碑規丨禮義丨即矩字

羽羽五十羽百五二羽二百卅一禹禹十五禹

廿一禹卅一禹卅六禹百二雨雨一雨十三雨

廿八雨八五宇亦作寓宇七寓十宇廿七宇四十

宇百四寓百七六撫撫十五撫卅六撫四一撫

四九
撫五十撫六十撫九六拊拊九八甫甫十五

甫四一甫四五甫百四甫百六郙郙卌五府

府十府卌六府五十府七二府百十五俯卌亦作頫

俯十俯卌六俯七二頫七九拊仲君碑然後丨就義作俯

捬逢盛碑丨育孩嬰義作俯脯脯十黼黼百卌八簠

[illegible]六十　斧　斧四二　莆　莆卅六　輔　輔卅一

輔四一　輔百六　父　父四一　父五十　父百四二　武

武四　武十二　武十七　武卅九　武卅三　武四二　武四四

武五八　武百四　武百廿二　武　武百廿五　武百八六

武二百廿一　舞亦作僢　舞一　舞三　僢修華嶽碑

鳥獸率丨孫叔敖碑陰倡優鼓丨皆作舞
武 武梁祠堂畫像秦丨陽即秦舞陽

侮四一 侮八十 侮百卅八 廡 廡四十 憮

憮百四二 取十七 取六四 取八十 取百五三 取

二百六一 主 主六 主十五 主百四 豎 豎七一

乳 乳廾五 柱 柱廾三 柱百卅七 蔞 蔞

庾五九瘐一庾卅三愈俞緐陽令楊君碑名問丨高義作愈

十姥

普普一普八普八四普八五浦浦北一

溥溥百八十補補十五補二百八一譜譜

廿二 圃 圃 卅六 圃 百十九 簿 薄 十三 薄 十五

簿 四三 薄 七二 溥 七三 薄 百五八 部 部 十 部

五十 祖 三 祖 十三 禮 五四 禮 百七十 祖 百八五

祖 百九五 組 組 百三 覩 覩 九二 覩 百八三 堵

堵 四九 堵 二百八一 睹 睹 百二 睹 百八十 土 土

一土二十吐七吐六九杜杜廿一杜六四

魯魯六魯卅六魯四一魯四九虜虜

百四六虜百七七虎虎十九虎四二虎五十

虎八五虎百七八虎二百五苦苦二十苦卅一

苦十五古古十五古百四古百九五詁詁

百八三鼓皷七皷廿二鼛鼛百七七股

股一股卅一股卅八股四二股五七賈賈七

蠱蠱廿三罟罟八五戶戶三戶六戶

十五戶卅九怙怙三怙四一怙五五岵岵百卅九

扈扈唐扶頌夷粵𢬵丨難化𢬵丨音布戶不順理也鄠鄠九六

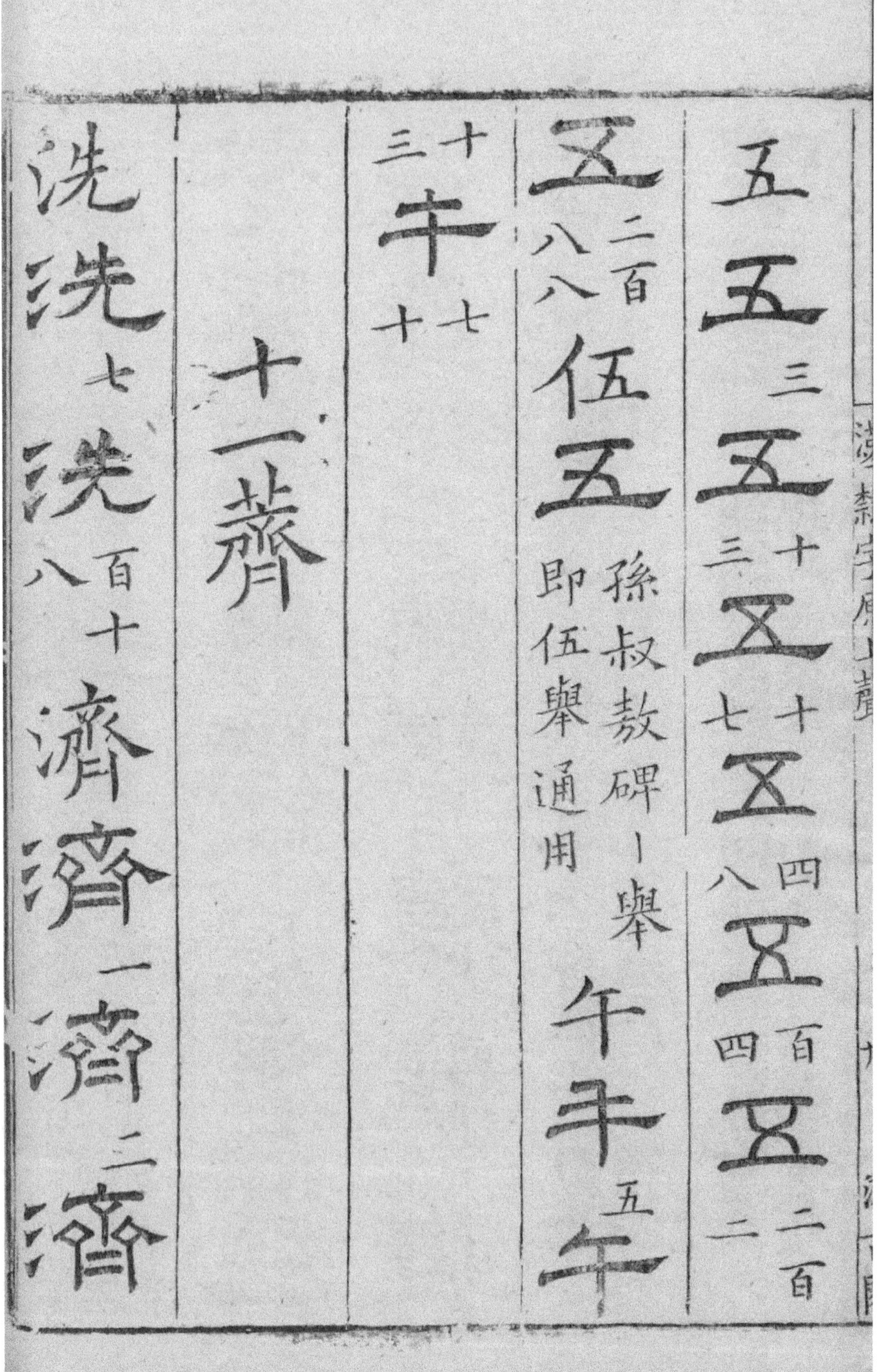

五 五 三 五 十三 五 十七 五 四八 五 百四 五 二百二

五 二百八八 伍 五 孫叔敖碑丨舉即伍舉通用 午 午 五 午

十三 午 七十

十一薺

洗 洗 七 洗 百十八 濟 濟 一 濟 二 濟

卅三濟八九濟百四六米米六米百二陛陛

一氐氐百七三柢抵六九底底九八底

百五十詆詆卅一體軆一軆三體二十軆

廿一軆廿七軆廿七軆卅六軆四十體四一體五十

軆六四軆七一體七九體八三軆百八三軆百九五

弟七三第百卅八禮亦作礼禮三禮五

禮六禮十五禮二十禮二十禮五十禮五七禮五九

禮七二禮百九五礼十三礼四十礼五五醴醴

百七八澧澧卅六蠡蠡三禰禰孟郁脩堯

廟碑祖丨所出即禰字啓啓十三啓四二啓五八啓帝堯

碑排丨閶闔靈臺碑匪皇丨居與詩不遑啓居同

稽稽六

十二蟹

解解二解九八解百五七𨈖逢盛碑陰丨后升孔宙碑丨章趙氏謂氏族書無丨姓今二碑有之豈譜者考之不詳耶漢人姓氏亦借用如伍為五歐陽為歐羊之類此盖解姓借用

買買十一買十九

十三駭

駭駭四二駭六四楷楷五七凱武梁祠堂畫像丨式

即楷式字

十四賄

悔悔四二悔九八猥猥北七隗隗六四隗

帝堯碑塊丨解見上平十五灰字下　每十四　每七五　每八五

每九八　辠亦作罪　罪六　罪十　罪五八　辠六十

罪百卅八　磊　磥朱龜碑丨落炳煥說文磊衆石也或從累　礧

礧七九　餧亦作餒　餧卅一　餧四二　餧五八

十五海

海海十三海十六海廿三海八五海百十五愷

亦作凱凱八愷百七九豈凱劉寬後碑洪裕丨弟義作豈說

文樂也亦作丨改改三改十五改五十改七二改八五

亥亥廿六亥百十五亥百六十倍倍七倍

十四采亦作採采四四采六十采百十七采百六八

采 孔耽神祠碑躬丨蓤藕義作採 菜 冨春丞張君碑登山丨丨石刊照厥勛

義作採 宰 宰四九 宰五七 宰六五 載 載七

載廿一 載卅五 載四十 載四四 載五七 載六五 載

六七 載百四 待 待四三 待百四二 殆 殆卅三 乃

亦作迺 乃一 乃五十 乃六十 乃八十 乃八七 乃二百八一

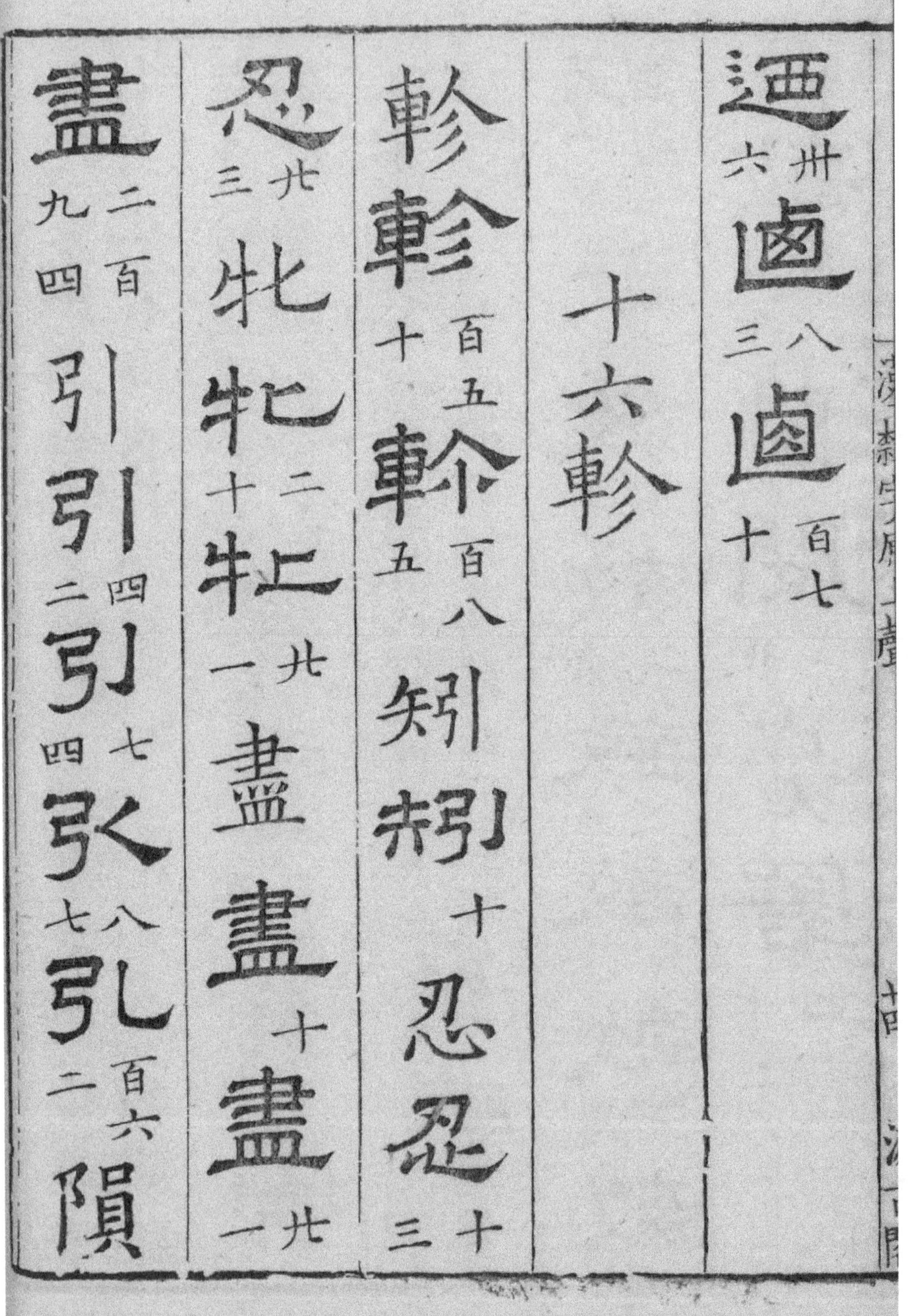
迺卅六 廼八三 廼百七十

十六軫

軫 軫百五十 軫百八五 紖 紖十 忍 忍十三

忍卌三 牝 牝二十 牝卌一 盡 盡十 盡卌一

盡二百九四 引 引四二 引七四 弘八七 弘百六二 隕

隕五十隕五五隕六五隕百六磒磒孔彪碑疾彌留

乃丨說文落也引春秋隕石于宋五霣霣五十霣七二霣

百十五瘨瘨郭旻碑寫疾丨顛集韻云病也愍愍四二

愍八三敏敏十五敏卅三敏五八敏六十敏八三敏

九十敏百十五閔閔卅一窘窘十四

十七準

準 俗作准 準 十七 蠢 四二 蠢 二百十五 楯

楯 堯廟碑階陛欄丨即欄楯 蝡 蠕 四一 尹 尹 三 尹

卅九 尹 四三 允 允 一 允 卅五 允 卅六 狁 狁 九二

十八吻

粉

粉百卅五 憤 憤九 憤二十 憤五七 憤七五

憤嚴訢碑噌嘆歔欷發丨授筆即憤字 忿 忿四二 忿百七八

蘊亦作蕰 蕰九五

十九隱

隱 隱三 隱十八 隱二十 隱卅五 隱四十 隱四九

殷 劉熊碑勤恤民丨義作隱詩雷聲 謹三 謹六 近

近十四 近三十 近五十 近五七 近百十五

二十阮

宛 宛十七 宛四七 菀王元賓碑丨陵義作宛 婉 婉百十七

琬 琬卅八 苑 苑百十一 遠 遠十四

遠三十遠四一遠四八遠五十遠六三遠七九遠

百四二蹇蹇百三蹇蹇四謇謇五五

謇六九楗楗北九楗卅一楗六四偃偃十九

匽孟郁碑丨陟郎偃師反反十反卅九返返八五晚

晚五十挽挽四六

二十一混

混混五混二十棍博雅同也掍六二梱梱七一

壼臺六二袞袞卅八袞七七袞百七九袞

二百四緄衡方碑將授丨職魯峻碑丨丨職髙頤碑當登丨職皆作袞本本

十夲四二夲四四㐭七八夲八六本百四二夲百五十

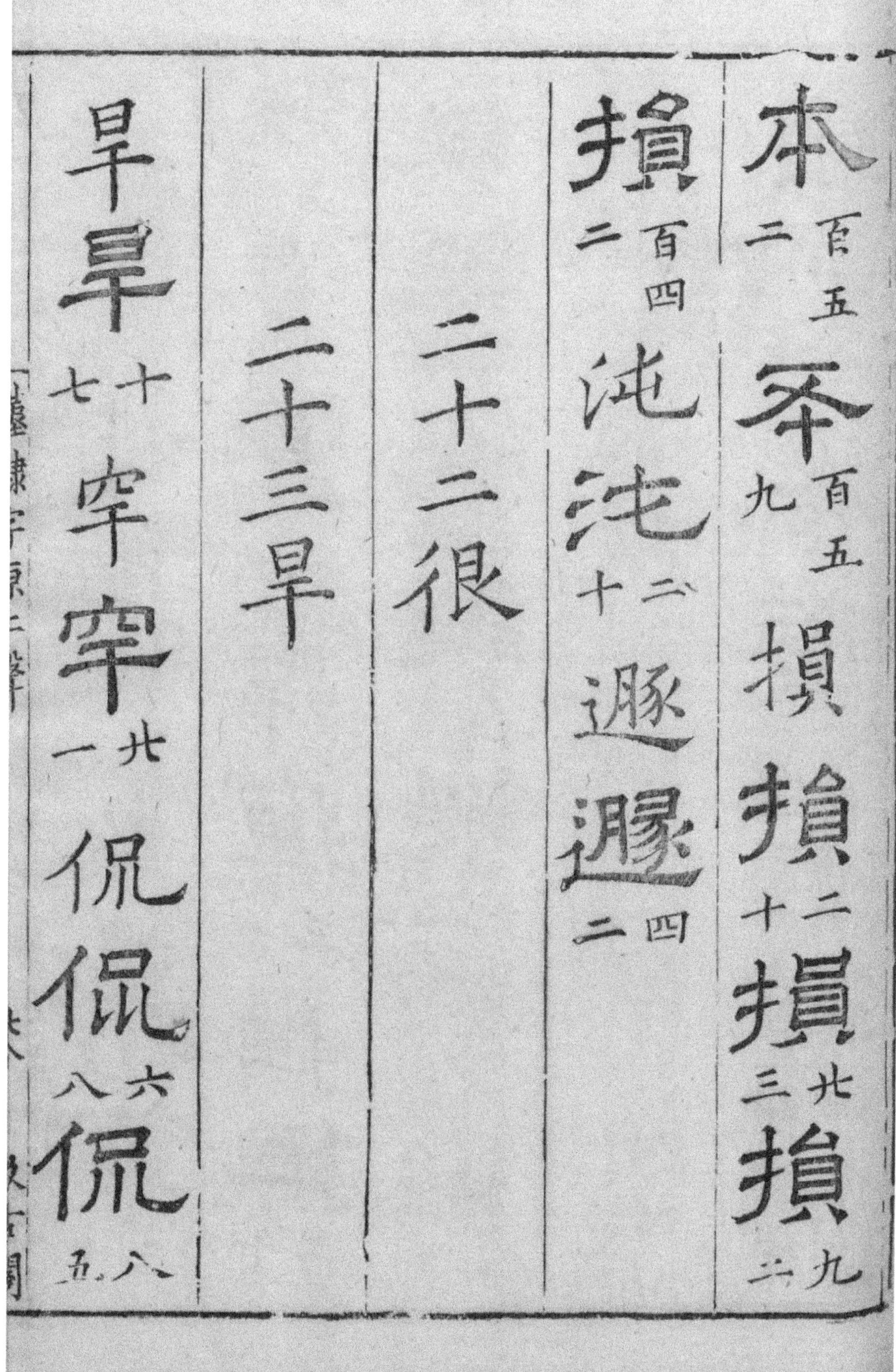

本百五二 夲百五九 損 損二十 損北三 損九二

損百四二 沌 沌二十 遯 遯四二

二十二很

二十三旱

旱 旱十七 穿 穿北一 侃 侃六八 侃八五

衎衎四一衎四九衎九二散𢿇五𢿇十三

𢿇卅五亶亶四三癉癉十三但但十二

誕誕四四誕六九誕七五誕百八一

二十四緩

款款百七八管管二管五十館祝睦後碑七政

丨鎋義作管轄 館 館五 館十五 館四九 滿 滿

滿十九 滿廿五 滿四九 滿五五 滿八九 滿百二 滿二百八二

纂 纂八七 纂百五 纘 纘二 纘十三 纘五三

酇 贊楊統碑陰丨陳俊即酇字借用 短 短六九 短七三

短二百八二 短逢盛碑命有悠丨無可柰何義作短 夘 卯卅五

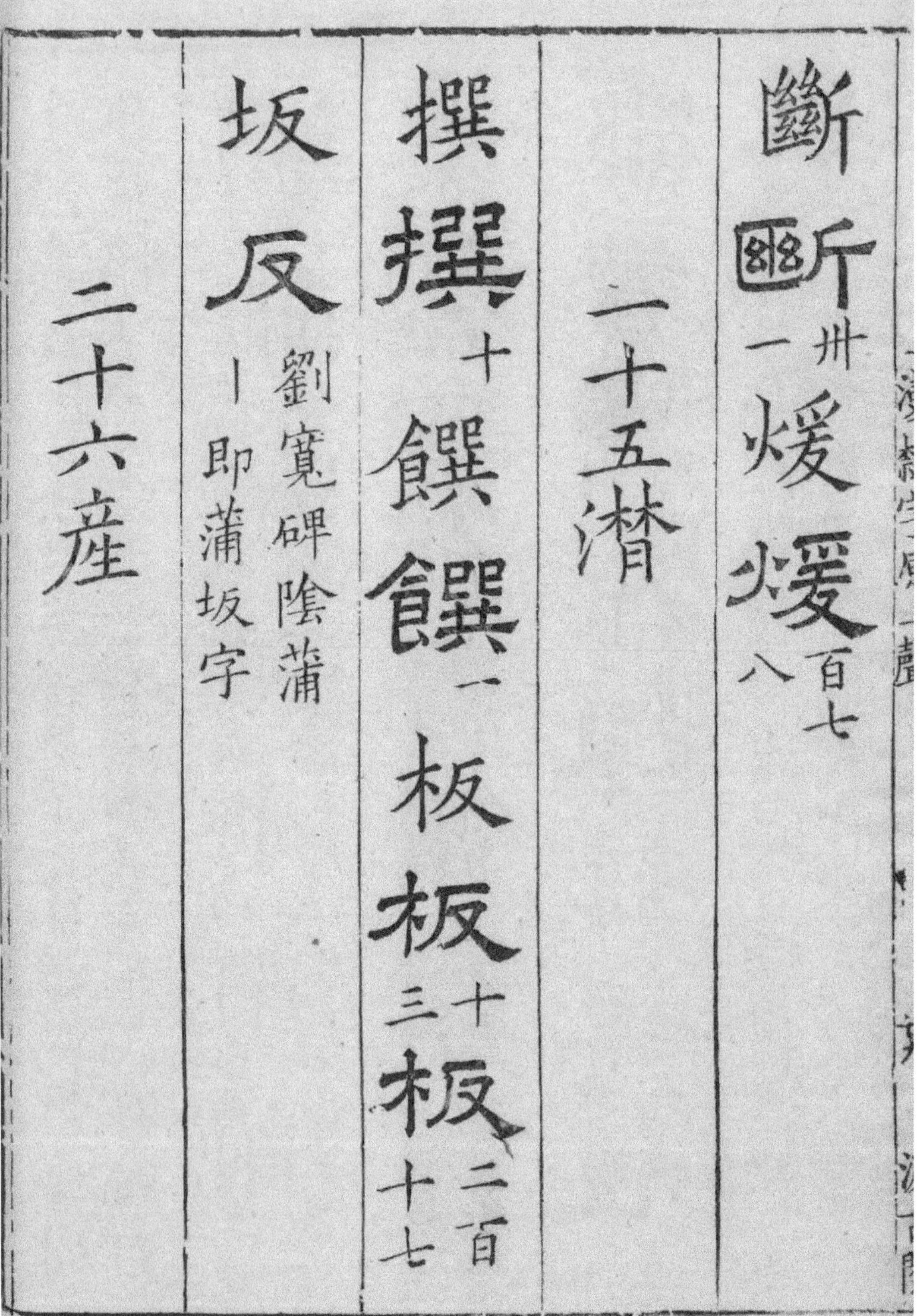

斷𢇍斤卅一煖㬉百七八

二十五潸

撰𢷎十饌饌一板板十三板二百十七

坂反劉寬碑陰蒲丨即蒲坂字

二十六產

産産廿二産四四産百四剗戔校官碑龕姦丨猾省文為剗

羼羼譙敏碑恥與鄒人丨竝拾驅音剗說文羊相廁也

限限十六限百八三簡簡十七簡五五簡

九二柬柬二百十五揀揀百八五

二十七銑

辮 編 魏脩孔子廟碑丨髮而慕義史記西南夷傳丨髮漢書終軍傳丨髮皆步典反集韻與辮同

典 說文五帝之書也从冊在丌上一曰常也古从竹

典 三 典 六 典 廿一 典 三十 典 四一 典 五九 典 六十

典 七二 典 七四 典 九七 典 廿七 典 五九 典 六五 典 七五

典 一百 殄 弥 二 弥 卅六 弥 六三 弥 七五 顯 顯

十三顯二十顯四一顯八十顯百九十顯毅院碑陰滿丨集古

云說文顯從㬎聲而轉為㬎今又闕而為曰顯四二顯百四顯二百九一

繭繭百七九趼趼百十八泫泫卌六鉉

鉉百二

二十八獮

鮮　鮮百卅八　鱻武榮碑蘋然高厲丨於雙匹丨古鮮字其言鮮於雙匹者鮮雙寡匹也

浅　淺二十　翦　翦百八三　践　踐

三　踐卅八　踐八六　踐百四五　選　選二　選百十五

選百十八　闡　闡十　闡六九　善　善四　譱卅九

善五五　善五六　譱七二　善八五　善九八　善百六　舛

𦁠四十譔譔百十一黽黽卌四辨辩十五辨

卌五辨五十辯辯二十辯七五免免百四二免

二百四勉勉六勉四九勉五十勉六四冕冕

八一展展八輦輦七輦百八三璉輦

孔廟禮器碑胡丨器用釋去胡丨者瑚璉也轉轉卄三遣遣

廿九遣卅一遣五八演演十演二百六五衍衍

一衍五十兖八兖四五兖七二兖二百十九衮

王純碑以丨州從事察孝廉除郎義作兖謇謇六九謇熊君碑臨

朝丨鄂義作謇寋費汎碑丨鄂質直義作謇圈圈百五四卷

桊二百卅一蜎蜎四一

二十九篠

篠 條 無極山碑丨 蕩義作篠 鳥 鳥 十五 鳥 廿三 鳥 四十

鳥 二百五 梟 梟 八六 窕 窕 廿六 繚 繚 廿一

燎 燎 十二 燎 十五 杳 杳 八一 窈 窈 九 曉

曉 卅一 曉 百六八 皦 皦 七四 皦 八三 皦 八五

三十小

小小十小三十小卅六小百六小百四五悄哨張納碑丨然慼悄義作悄

剿剿六八勦勦廿五少少三

少六少七八沼洺廿一紹紹六十紹七二紹八三

紹百八十擾擾三擾卅八擾七四擾李翊碑益部丨

穰即擾攘字 擾 周公禮殿記會直丨亂樊敏碑京師丨穰義作擾 趙

趙廿四 趙三十 趙卅一 趙六四 趙百九 趙百四一 肇

肇卅六 肇六八 肇百七六 肇百八五 兆 垗一 兆

二 兆三 兆八 兆十二 兆百十 兆百卅五 晁 戚伯著碑京丨

府丞即兆字 夭 夭卅一 夭五五 夭七二 夭百十九 矯

撟 四二 撟 蔣君碑光光丨丨義作矯 慓 僄 百四四 眇 眇 七 眇 五五 妙 三老袁君碑朕以丨身按漢書元紀窮極幼眇儒林傳谷永疏總六經之眇論皆音妙此云丨身襲裘繼業則以丨為眇也 表 表 三 表 七 表 七 表 十一 表 卅二 表 四十 裏 六四 俵 堯廟碑丨著爣銘義作表 殍 殍 百七三 麃 麃 七

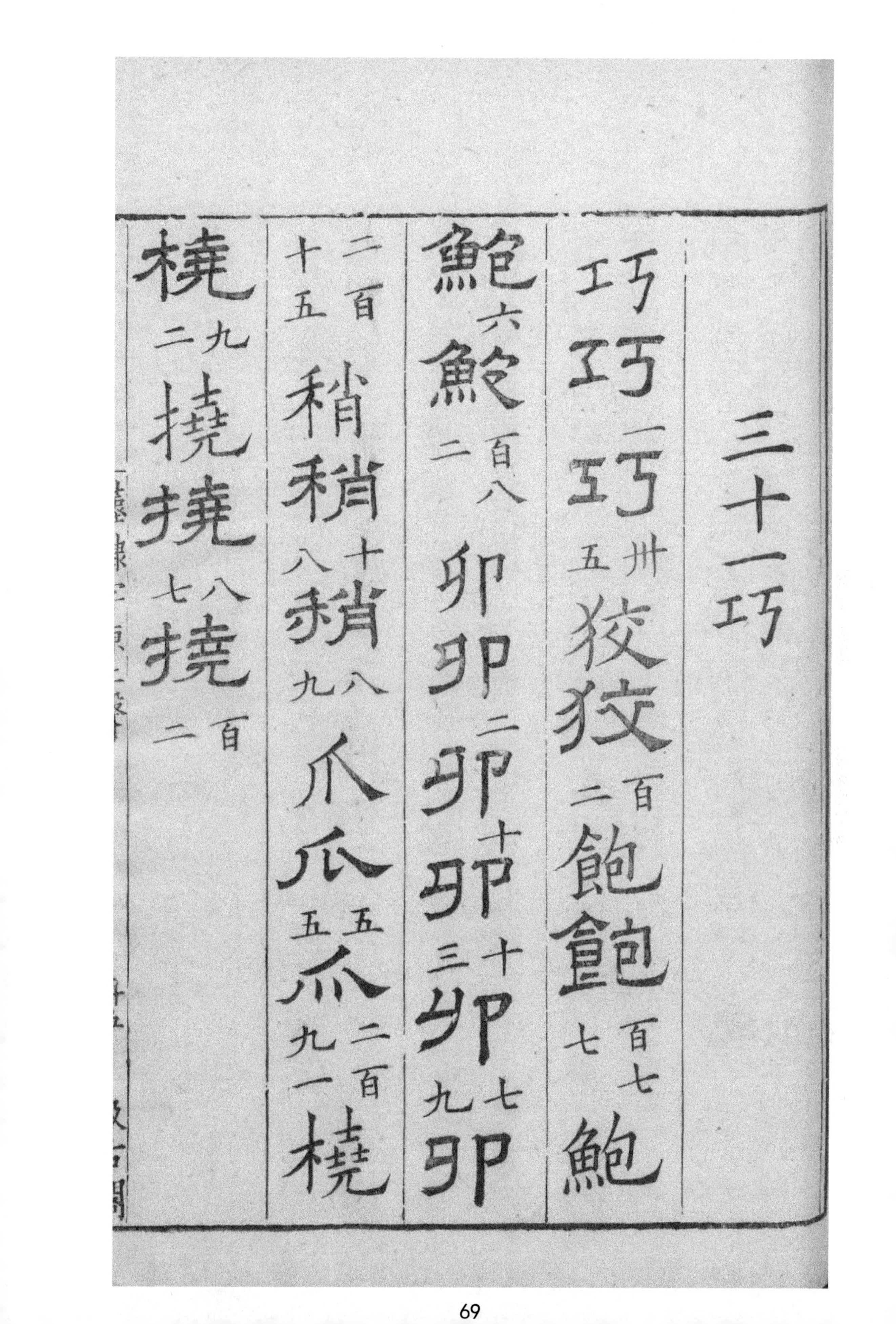

三十一巧

巧 巧 一 巧 卅五 狡 狡 百二 飽 飽 百七七 鮑

鮑 六 鮑 百八二 卯 卯 二 卯 十 卯 十三 卯 七九 卯

二百十五 稍 稍 十八八 稍 八九 爪 爪 五五 爪 二百九一 橈

橈 九二 撓 撓 八七 撓 百二

三十二晧

晧晧二十晧卌五晧七二晧百四昊昊七三昊百四

浩堯廟碑恩如丨倉義作昊蒼皓夏承碑丨天不弔蓋借用皓魏脩

孔子廟碑大丨遊龍以君世虞氏儀鳳以臨

民蓋指太昊始有甲曆以龍紀官始畫八卦

顥顥八四鎬鎬百七五浩浩一晧三公神碑

或有恬淡養丨 然考義作浩 鄗 鄗十五 鄗二百十九 好 好

卅三 考 考三 考十五 考五十 考五五 考七二 考

八五 杲 杲百六九 暠 暠百五八 縞 縞七十 縞

七三 稾 稾十四 稾卅八 寶 寶卅二 寶卅六 寶

卅九 寶五十 寶七二 保李氏鏡銘明如日月世之丨以丨為寶 保

保 四四 保 九二 保 百卅八 褓 褓 百七九 抱 抱 二十 抱 卅六

抱 七二 抱 九二 掃 掃 十五 掃 廿一 掃 卅八 掃 五八

燥 燥 郙閣頌丨減即燥字 草 草 廿五 草 廿六 艸 廿七 草 四一

草 七五 早 通作蚤 蚤 五七 早 七二 早 八三 早 八五 蚤 二百九三

藻 藻 六三 藻 百十一 藻 百五九 藻 百八三

造造十七造廿九造三百一倒倒五十倒百七七

擣擣賜馮煥詔丨轂無距即擣擊字禱禱十四禱廿七禱卅八

禱百六禱百十五討討四九討五七道道二

道二十道廿九道三十道卅六道四一道四四道六十

道七二道九七道百卅道百四二稻稻廿八老

老十七老二十老廿三老三十老四十老四九老五九老

六十老七七老八五老百九三老二百十六

三十三哿

可可六可廿三可六四軻軻四十我我二

我十二我廿六我四二我四九我五十我五六我五七

我六八我六九我七五我百卅八我督郵斑碑嗟丨吉士即我

字左左十三左十六左四三左七二柁柁卅六

三十四果

果果廿三果百八一火火二火三火五禍

禍二十禍卅五禍七八頗頗二十頗四九坐坐一

坐廿一坐廿五坐六四墮墮八九陏郙閣頌人物俱丨沈没洪淵義作墮

三十五馬

馬馬三馬廿一馬廿三馬三十馬六四馬七九馬百廿一馬百廿五馬百四一寫寫十八寫一百且

且九且二十且六五舍舍一舍五舍六舍九二

者者二者十三者廿五者九七者百廿一赭赭

一社社十社四九社七八野沈子琚碑穎川長丨縣當作社

野亦作壄野廿一野卅六野四五野九六野百五十埜

校官碑丨無卬匈之結漢書五行志遠四佞而放諸丨古野字也也二也

十也十五也卅六也五六也七二也八九也九二也百四也

百六也百四一下下三下二十下卅六下百四下百四二賈

賈百十賈百五八假十一假四十假五十假七八

嘏百嘏六十雅雅一雅九雅十九雅卅一雅卅九

雅四五雅六九雅八七雅百四雅百五十雅百八三寡

寡廿一寡卅三寡四一寡五十寡五七

三十六養

養養二養十養二十養廿一養四十養四四

養六十養七十養八十養九二養九六象象三

象六象廿一象卅五象卅六象四十象七八像

像卅六像四一像七一像九八獎獎楊信碑丨厲兵甲義作獎

蔣蔣五三蔣六六兩兩五兩卅三兩卅六

仰仰一仰卅六仰八六卬孔廟禮器碑嘆丨師鏡華山廟碑日月星辰所昭丨也詩瞻丨昊天史記帝紀丨而射之西漢刑法志為下所丨皆讀作仰

卬老子銘丨其平生劉熊碑莫不師丨鄭固碑丨號焉告義同上

想想

二十想七五掌六掌五八掌百九一爽爽

七五敞敞十七敞二十敞卅一敞七三響響二百卅一

響堯廟碑深惟景嚴訢殘碑丨佐響
丨應即響字音陳丨古響字

鄭烈碑遺丨暢
於吳會義作響
響響三響四四響二百十八

享享一享三享十亨十五享五九享二百五

亨 堯廟碑神丨靈洞劉熊碑子孫丨之漢碑皆以丨為享

饗 饗 六

饗 四九

饗 百卌八

嚮 大丨記殘碑或是假借作饗漢書宣紀上帝嘉丨讀曰饗

繈 五三

繦

襁 百七九

丈

丈 廿九

丈 二百一

賞

賞 四一

賞 百七

髣 亦作仿

髣 十一

髣 百八十

仿 馬江碑皇神丨佛史記司馬相如傳若神仙之丨佛漢書李尋贊丨佛一

端皆用亦作罔

罔 罔三 罔六 罔七 罔十七 罔廿六 罔卅六

罔卅八 罔四九 罔七五 罔百九 昉 昘十三 放 放百四二

放百九一 枉 枉五六 柱 周憬銘退則錯丨夏承碑彈繩糾丨賁鳳碑舉直措丨熊君碑不丨身事汙君義皆作枉

往 往十三 往廿三 往三十

往四九 往五九 往六三 往百八三 長 長卅三 長

七八長二百卅

三十七蕩

蕩 蕩卅五 蕩卅六 蕩四一 蕩百六四 盪蔡湛頌丨丨有功漢書丙吉傳不得令晨夜去皇孫敖丨讀與蕩同 碭 碭卅一 黨

黨六 䣊婁先生碑鄉丨州鄰說文地名周禮五百家也通作黨 讜

讜十三 黨張平子碑登侍中則|言允諧劉寬碑公㠯對策嘉|克厭帝心義皆作讜

儻黨夏承碑|魂有靈漢書伍被傳|可以徼幸讀作儻 帑

帑四二 曩 曩四二 曩百八三 莽 莽四 莽卌三

莽四九 顙 顙四一 顙六九 顙九二 顙百六二 忼

亦作慷 忼卌一 慷卅六 慷五七 忼六三 忼八六 忼九二

晃晃三晄五十晃九十廣廣三廣卅三

廣卅二廣百卅廣二百九十一

三十八梗

鯁鯁七一骾骾卅九猛猛六五猛九二

丙丙十三丙四一丙七五丙百四昺昺百七八

炳炳一炳十炳楊君石門頌君德明明丨煥彌光義作炳

邴十五邴四五秉秉二秉百八一秉二百十九皿

皿十省省三省十三省十五省八三眚

眚十七影景侯成碑儒林衆雋惟想邪丨義作形影景

景一景四景十五景卌六景四二景四五景

七二景百八三境亦作竟境五境百八三竟曹騰

碑陰臨君丨内用亦作字警警二百十九永永一永七

永十三永十五永三十永四七永七二永八三永

九十永二百二憬憬卅六

三十九耿

耿
耿十
耿百十
耿百九二
幸
幸五
幸十四

幸七八

四十靜

靜
靜八
靜十三
靜二十
靜卌一
靜卌三
靜四八

靜七九
靜一百
靜百十九
靖
靖卌五
靖八三
竫

帝堯碑痾者丨恭祈福即獲祚蔡邕集有王子喬碑凡六十字與此同其間云其有疾痾疰瘵者靜躬祈福即獲其祚但此作竫恭

請 請六 請四八 請七二

整 整十三 整卅一 整四二 整八三 整九十 逞

逞二十 騁卅六 騁百七七 領 領六 領四三

郢 郢廿一 穎 穎一 穎三 穎七九 穎二百

八八頃頃北三頃四九屏屏二屏十屏

五十廮癭六一

四十一迥

迥迥四二炯炯百九瑩瑩百六瑩二百八二

竝竝二十並七二竝百四並二百八一鼎鼎十五

鼎卅七鼎五十鼎五五鼎八五鼎九二鼎九六鼎

二百八八挺十挺六九挺七二

四十二拯

拯拼七五

四十三等

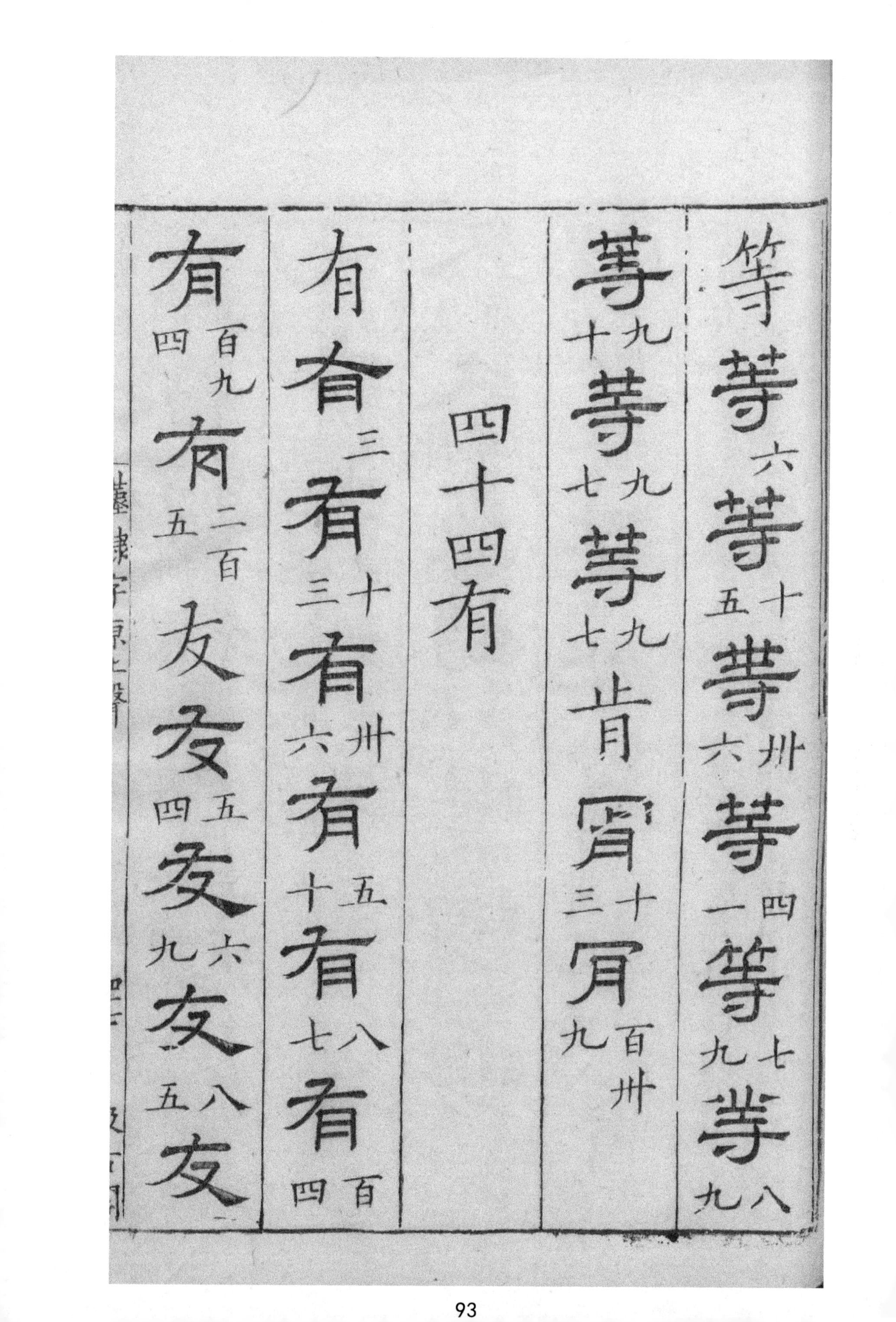

等 等六 等十五 等卅六 等四一 等七九 等八九

等九十 等九七 等九七 肯 肎十三 肎百卅九

四十四有

有 有三 有十三 有卅六 有五十 有八七 有百四

有百九四 有二百五 友 友五四 友六九 友八五 友一

百四二朽卅五朽六十㱙六五㱙七二朽百四

九一九廿九九卅二九五十久久三

久十五久卅二玖到八四舅舅七舅十五

舅百十五咎咎三咎九九咎百四咎百八一酉

酉六酉九酉九十酉百五九牖牖八一莠

莠 三公山碑稂丨義作莠 誘 卌六 誘 四四 誘 九八

否 否 七五 不 一 不 二 不 七 不 廿三

不 廿六 不 三十 不 四一 不 四九 不 六五 不 百三 不 百四

不 百十五 不 百卌八 不 百九五 婦 婦 七八 婦 八五

負 負 二 負 廿一 負 三十 負 百四九 阜 阜

十九 昇 廿七 旱 五九 酒 酒 六 酒 廿一 酒 二百七

首 首 二 首 六 首 卅九 手 手 四九 手 七八

手 九二 守 守 廿九 守 三十 守 卅六 守 四四 守 七二

守 百十五 醜 醜 廿一 醜 四二 媿 武梁祠堂畫記無鹽丨女

義作醜 受 受 一 受 十三 受 廿六 受 四一 受 六四

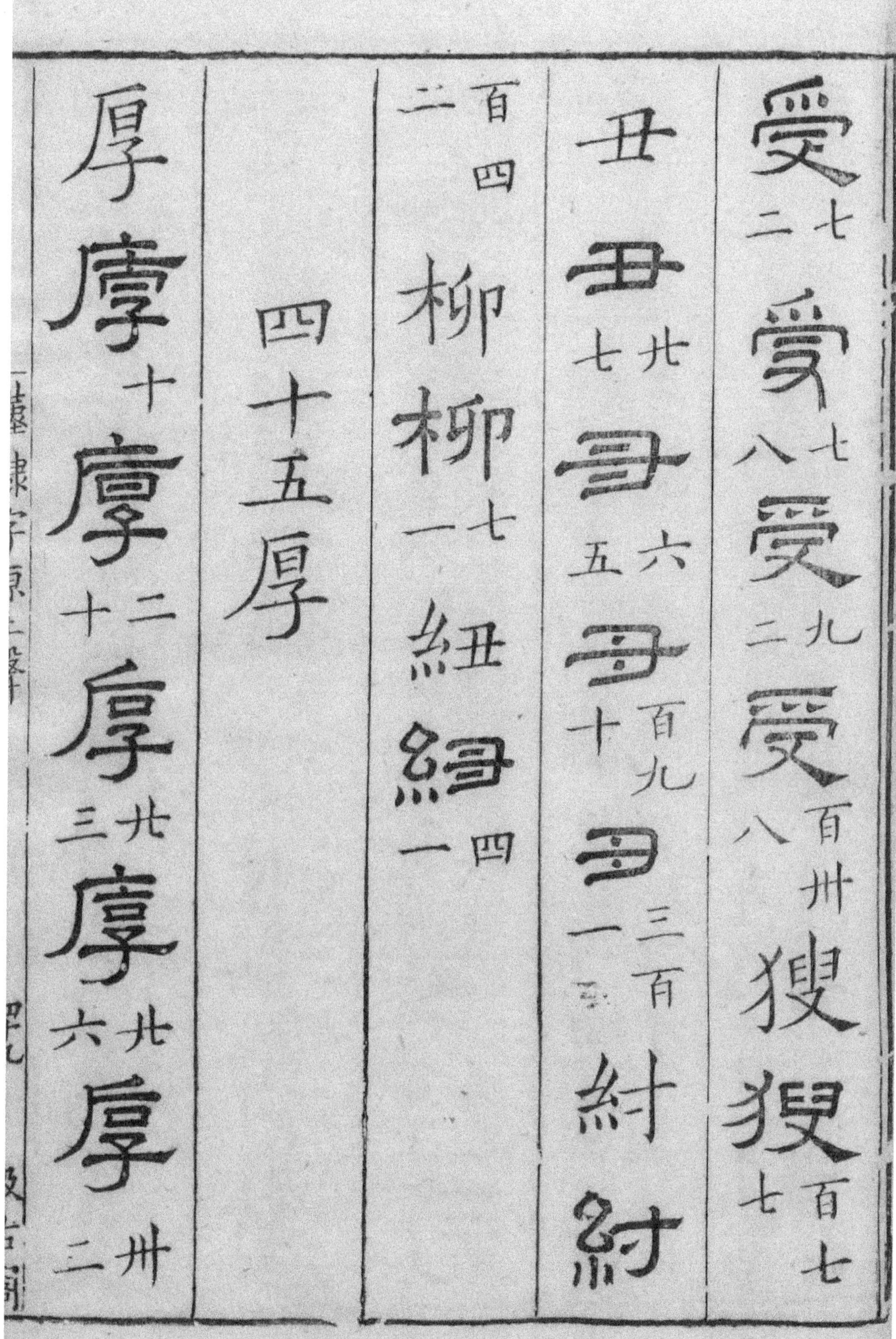

受七二 受七八 受九二 受百卅八 獀 獀百七七

丑 丑卄七 丑六五 丑百九十 丑三百一 紂 紂百四二

柳 柳七一 紐 紐四一

四十五厚

厚 厚十 厚二十 厚卄三 厚卄六 厚卅二

厚六三厚八一厚九二厚百十三後後二後

百十七口口十四口九二叩叩六耇耇

七五耇百五耇百八七茍茍八一茍百十三茍

百四二狗狗百七七垢垢十四偶偶四四耦

耦八一藕藕四十剖剖卅六剖四二剖李翕

碑三丨符義作剖 母 毋 三 毋 四八 毋 百四二 畝

亦作晦 畮 七四 畝 八五 畆 百四九 畝 百六二 牡 牡

十五 牡 卄一 叟 亦作傻 傻 無極山碑耆丨即叟字與左傳趙丨同

藪 藪 卄一 走 走 十七 赱 六三 斗 卄 七

什 二十 什 六二 叶 二百二

四十六黝

糾 糾六九 糾七二 糾九六 糾百六二 玌景君碑丨杠義作糺

赳 赳卌九 赳六八

四十七寑

寑亦作寢說文古作帚又病臥或作寢 寑十 寑六二 寑六八

寑六八寢六九寢八五寑九六寑百八十審審
三審卅三審卅五審四一沈沈四三沈百廿一沈百四七
枕枕百二稔稔卅三稔卅五稔五六稔六十
稔八五衽衽六五稟稟一稟五七稟百十三
品品二品十五品四二朕朕四九廩

稟百六九 稟二百十五 飲十 飲五十 餠七八 飲百九

四十八感

感 感三 感廿一 感四一 感七十 感七八 感百十九

轗 轗孔耽神祠碑遭元二｜軻即轗字

慘 慘七三 慘八十

慘九五

四十九敢

敢 敢六 敢十 敢十五 敢二十 敢五五 敢七五

敢百卅八 敢百七八 覽 覽一 覽六 覽九

覽十三 覽十九 覽四二 覽五六 覽七二 覽百四

覽二百十九 攬亦作擥 擥六八 攬百四 攬百十三

五十琰

琰琰卅八漸漸十三漸十五漸四九陝

陜十三郟唐君碑分丨之治移阝為郟此用字之異者與浮反其水同冉

冉五五染染百七七謟謟百四二斂鍛十一

斂九九鍛百五十檢任伯嗣碑姦軌九丨手義作歛險險卅二

險卅六險六十獫獫九二獫百六儉儉七

儉七九儉百六澰徐氏紀產碑承清丨之後義作儉奄奄

十一奄五十奄百二晻武斑碑丨忽徂逝義作奄庵衡方碑丨

離竊疾義作奄淹夏承碑丨疾卒義作奄掩鄐仲奇碑丨忽殂亡嚴訢

碑丨忽摧藏義作奄晻平輿令薛君碑丨負甍殂按集韻丨日無光也此蓋借用

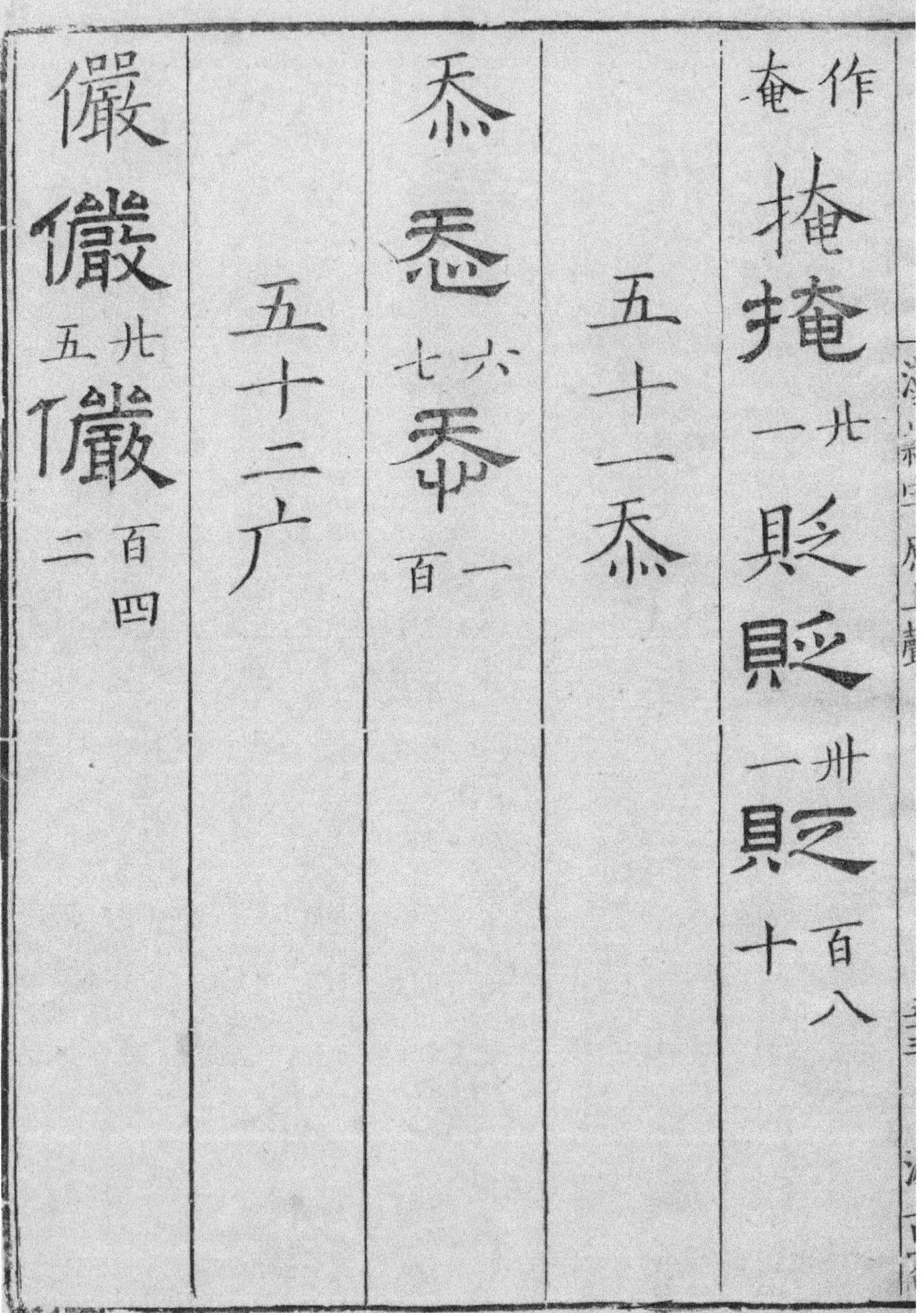

作奄掩掩廿一貶貶卅一貶百八十

五十一忝

忝忝六七忝一百

五十二广

儼儼廿五儼百四二

五十三豏

減減卅三黯黯九四斬斬四九湛湛

卅八湛六九嶄嶄卅五

五十四檻

濫濫六七

五十五范

范 范 四三 范 八四 范 二百一 犯 犯 五三 犯 五九

犯 百四四 笵 通作範 範 百四 範 百八三 笵 楊著碑袁滋師

丨劉衡碑師訓之丨太玄經國家之矩丨也通作範

范 司空殘碑納我鎔丨通作範

梡 逢盛碑制中囷丨蓋模範字楊著劉衡司空碑三范字與戴記范金合土

荀子形范正金錫美之類正同⿰木氾與帆

同音此云制中國丨者又借⿰木氾為笵也

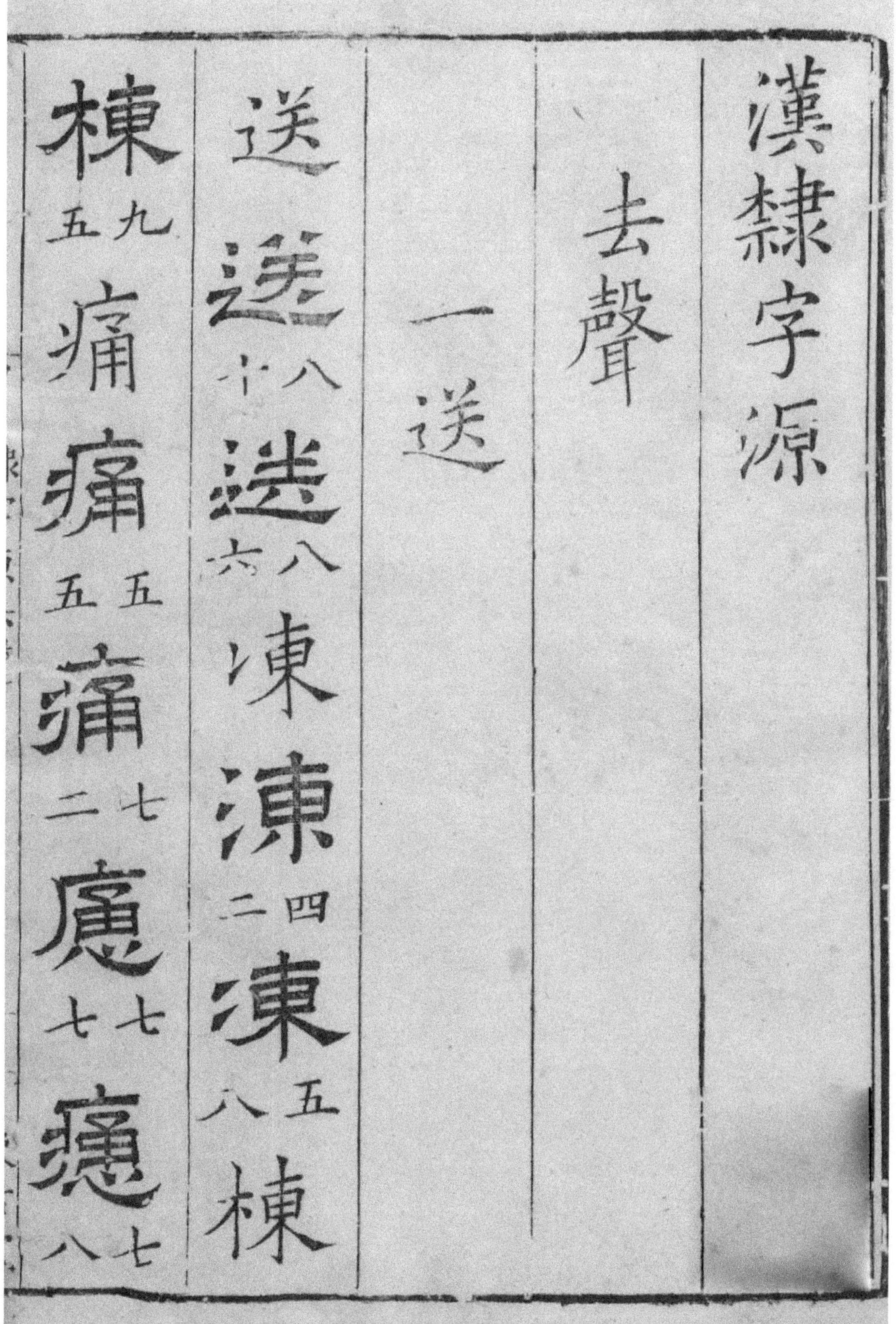

漢隸字源

去聲

一送

送　送八十　送八六　涷四二　凍五八　棟

棟九五　痛五五　痛七二　痛七七　痛七八

瘺 七九 瘺 八五 洞 洞 二 洞 九 慟 慟 七十

⿰忄重 武榮碑感哀悲丨景君碑海内冠蓋驚丨傷褭即慟字 栟 說文木也 益州有栟煉縣

栟 百六六 控 控 百七七 貢 貢 五五

貢 九五 贑 贑 十九 贛 百四二 甕 甕 八一

夢 夢 二十 夢 北一 ⿰貝目 賵 五六 賵 百九 諷

諷百十二諷百六二鳳十鳳十五鳳
十九鳳廿四鳳四五鳳六四鳳八六鳳百四二衆
衆一衆六衆十七衆百四二衆百六三衆
百七十衆百七九仲仲二仲八仲十三仲
十五仲六六伻七二仲七八中華山廟碑以四時之丨月各省其方

漢書律歷志丨呂讀曰仲 中 夏承碑太尉掾之丨子義作仲

二宋

宋 宋四三 宋四五 宋八四 宋百四 宋百十

綜 綜十七 綜四一 綜八十 綜百四 統 統

一 統二 統四一 統七五

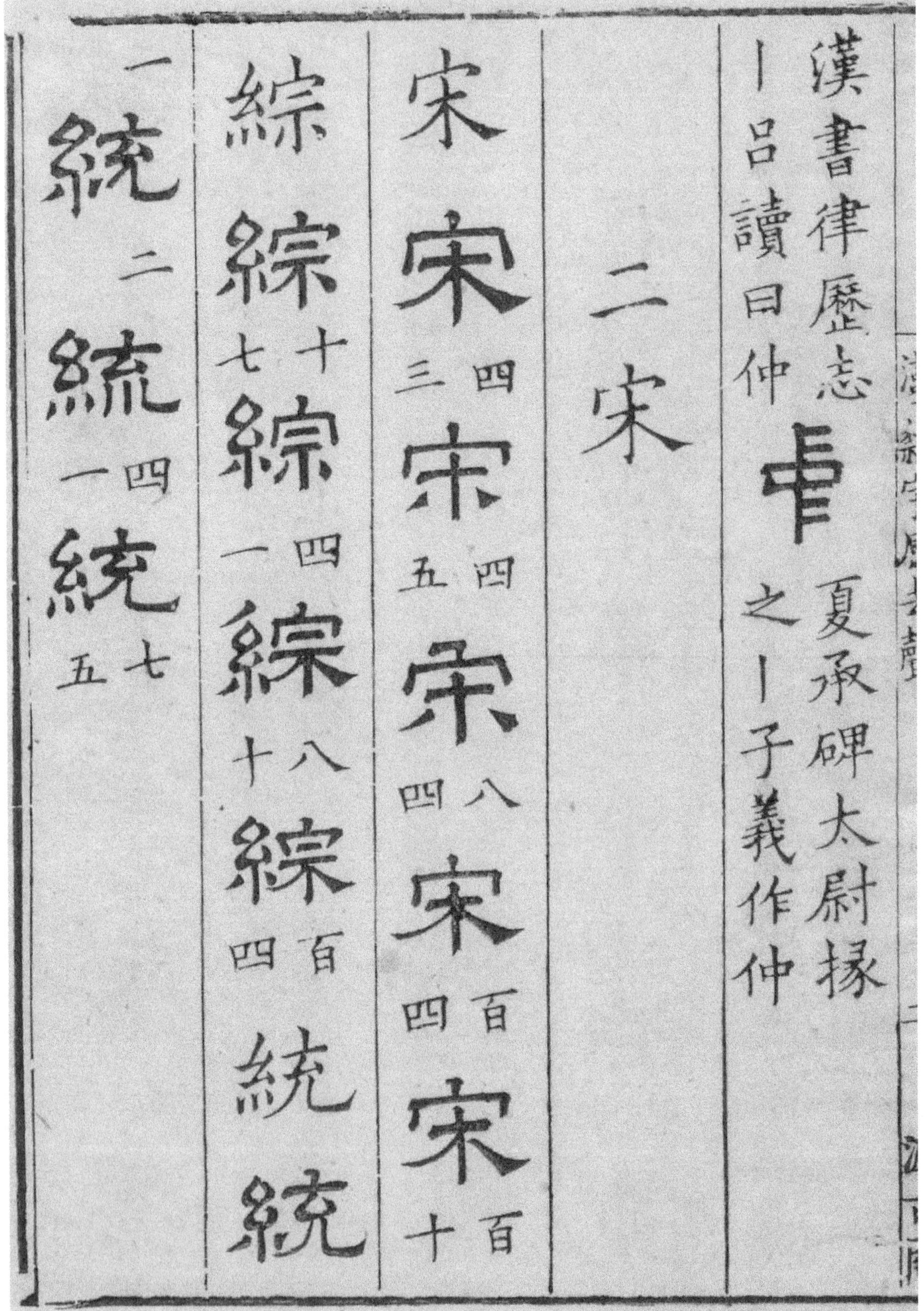

三用

用 用六九 用卅一 用九八 用二百八一 俸

亦作奉 奉 唐公房碑躬損丨錢史記蕭相國世家丨錢三何獨以五漢書高后

紀餐錢丨邑皆用亦作字 縱 縱百十八 頌 頌十七 頌

卅一 頌四一 頌百四 頌百六十 誦 靈臺碑陰作石碑丨樊毅

脩華嶽碑刊銘紀丨義作頌 誦 誦九 誦百六二 訟 訟

二百八七 從 ⿺辶从 梁相孔耽神祠碑初魯遭亡新之際苗肯析離始定茲者丨叔

陽以來按集韻從⿺辶从才用切說文隨行也 種 種一 種八五 重

重四一 重百四二 供 供二 共 共二 共

四一 灘 灘百四七

四絳

絳 絳百十二 降 降一 降三 降卅三

降卅八 巷又作衖 巷四十 衖七九 惷亦作戇

戇無極山碑臣耽愚丨頓首即戇字

五寘

忮 忮四一 伎 伎七 啻 啻廿八 惴

惴 惴卅三 惴八六 瑞 瑞二 瑞十五 瑞卅三

瑞六六 瑞百七八 賜 賜一 賜十 賜百五七

刺 刺卅一 刺七七 刺九二 刺百廾 刺百八八

智 智卅九 智五八 智七六 智九十 企 企

六五企七九戲戱百七七寄寄四五騎騎

十一騎三十騎六五騎七九騎百九五義亦作誼

義一義三義四義七義十義

十二義十六義十九義二十義廾八義卅六義

卅九義四九義七十義八十義八五義百十誼

八四 議 十三 議 卅九 議 四九 議 五六 議

九二 議 百六 議 百十五 議 百四一 議 百四五 議

二百卅二 僞 僞 九一 僞 五十 僞 六九 避 避 卅六

避 九二 避 百五 避 百四二 辟 老子銘丨世而隱居孟子

伯夷丨紂史紀堯丨位漢書齊戒丨寢皆讀曰避 被 被 十四 被

北三被四一

六至

至𡊻五至七至十三至二十至卅六

至九二至百十五至百十七至百十九至百卅八

䞇贄十三耆與嗜同耆老子銘絕丨去欲與孟子耆秦

人之炙同耆武梁祠堂畫像未有丨欲與上同示示卅五示

五七示六十示七二示百四示百十二謚謚

六四謚七十謚七九謚八一二二十三二百卅八

貳貳五二貳五七貳六五貳八五貳百八一

師師卅六師四二四四六四卌一四卌三四

卅五 四 四一 四 五十 四 六四 四 七二 四 百三 肆 肆

百卅八 肆 百四二 肆 百七七 肆 二百九一 泗 泗

九八 泗 百八十 次 次 十三 次 廿二 次 四三 次 四九

次 九八 次 百卅八 自 自 十三 自 十五 自 四一 自

百四 自 百卅八 粹 粹 七四 誶 誶 百八二 醉

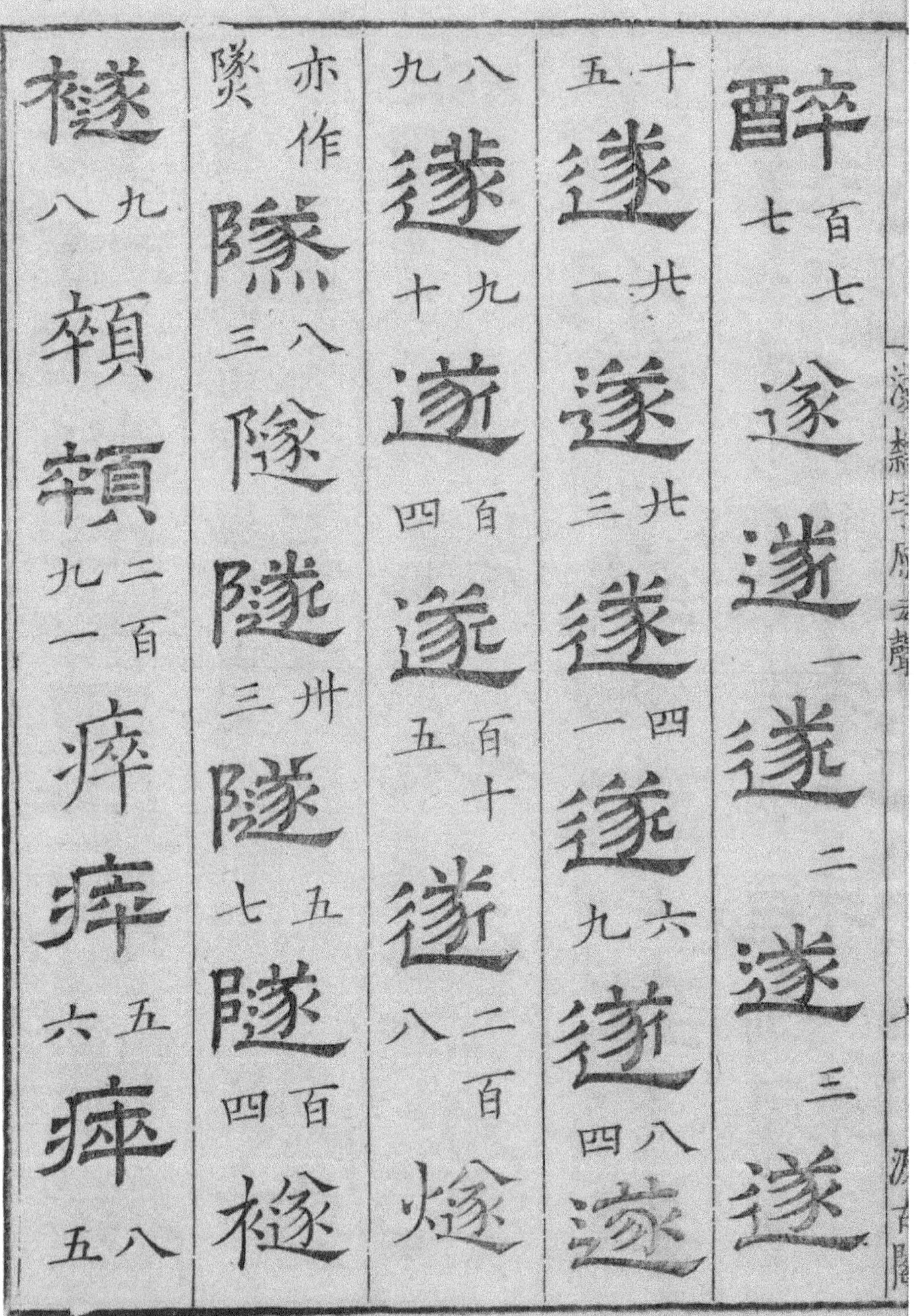

醉百七七　遂一　遂二　遂三　遂
十五　遂廿一　遂廿三　遂四一　遂六九　遂八四　遂
八九　遂九十　遂百四　遂百十五　遂二百八　燧
亦作隊　隊八三　隧卅三　隧五七　隧百四　檖
檖九八　穨　穨二百九一　瘁　瘁五六　瘁八五

悴 悴九二 地 地廿一 地廿三 地九二 墜

無極山碑與兕丨俱生費泯碑避丨于此按漢書郊祀志祭丨祇古地字 墜八三

墜百八一 致一 致二 致三 致

十五 致廿六 致卅三 致卅四 致卅五 致五十 致

五七 致八六 稺亦作稚 稚廿二 稚卅一 稺九二

穉二百卅一治治三治十治十五治廿九

治卅二治卅六治四一治七二利利一利

五十蒞亦作涖莅九二莅九八涖九九墜隊

繁陽令楊君碑俾延音軫垂不翳丨即墜字隧費鳳碑聞君之隕丨剝斷而辛

酸李翕碑有顛覆隕丨之患樊安碑俾不失

丨石經論語文武之道未丨横海呂將軍碑

大命隕丨義作墜 類二十 類卄一 類卄八 類五五

類七五 類八三 類九四 類九七 類百七九 淚

淚五十 棄 棄二十 棄四八 棄五十 棄七八

棄九四 棄百六八 壝 壝百七九 季 季

五 季十三 季十九 季卄四 季四一 季八八 季

九十 季 百十五 器 器 六 器 十四 器 六五 器

七二 冀 冀 四二 冀 七二 冀 二百廾七 覬 覬

五七 覬 六一 驥 驥 九二 驥 孔廟禮器碑莫不丨思音驥集

韻驥通作丨 懿 懿 一 懿 十七 懿 十九 懿 卅三

懿 四二 懿 四四 懿 五二 懿 五七 懿 五九 懿

六十懿六五懿六八懿七二懿七五懿七九懿

八十懿八九懿九四懿二百五位位二位

卅九位五十位七一位七二位百十五喟喟

二百五匱卅一匱九六匱百八三庳痹

七四寐寐百十九祕三祕百六二毖

[illegible] 六四 纞 卅六 戀 七二 渒 十八 備

備 一 備 六 備 十 僃 廿七 僃 廿八 備 卅三

僃 六五 媚 五六 媚 九二 眉 仲定碑不丨近戚義作媚

七志

志 六九 志 七四 志 九二 志 百卅八 試 試

六

識七五熾熾一熾百九幟幟百七九

侍侍卅六侍四二侍百十五侍百廿三侍二百卅九

使使百七八事事六事十事十三事

百四事百十五寺寺五寺百六嗣一嗣

嗣二嗣廿一嗣八十嗣百四嗣百十五嗣百十七

未未十五未六十味味五六費十四費

十六費百四二沸沸卅六沸百四二餼

百七九氣氣一氣一氣三氣十一

氣十二氣十五氣北六氣六八氣九十氣

九四氣九六旣旣十三旣卅五旣六十旣六四

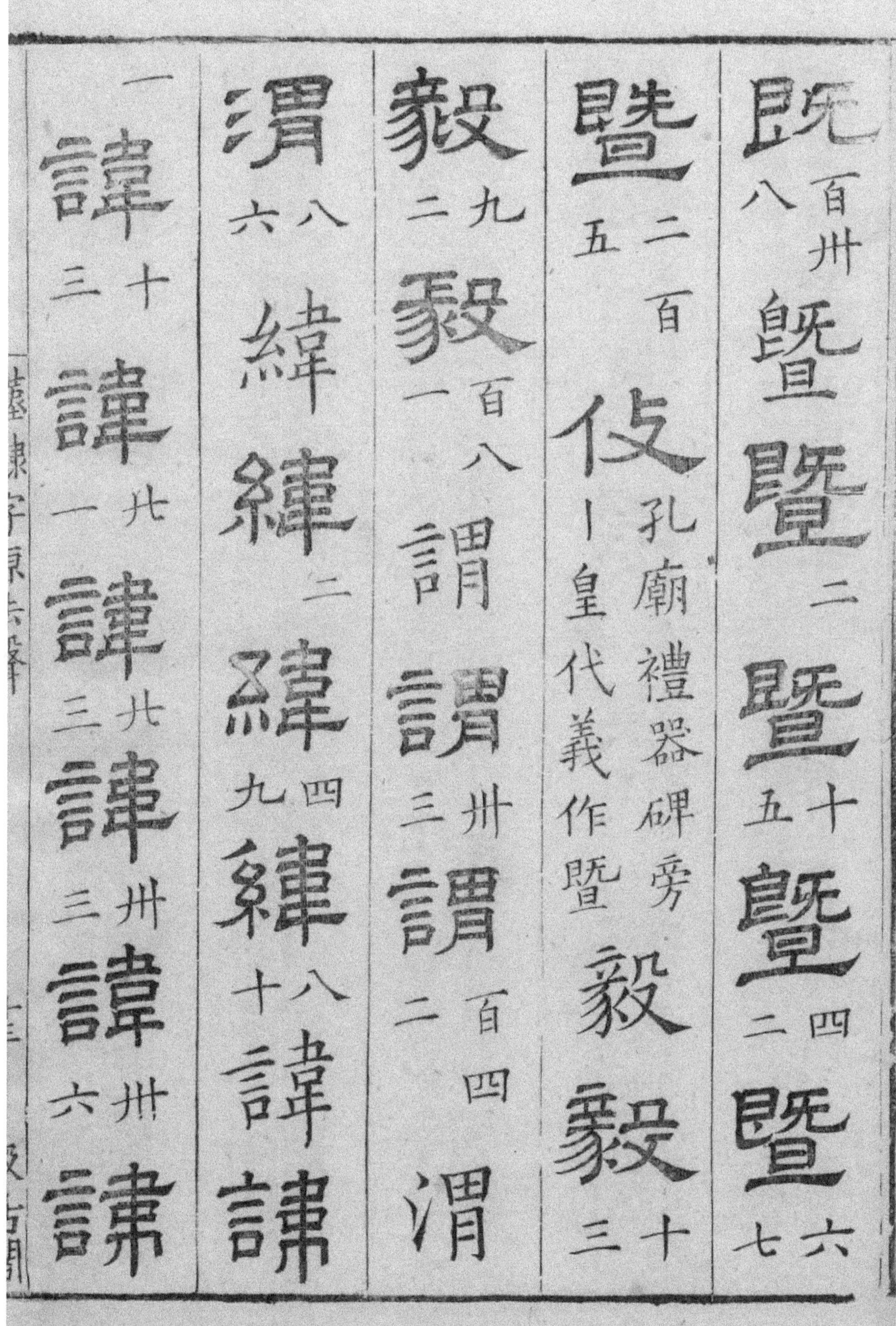

既百卅八 曁 曁二 曁十五 曁四二 曁六七

曁二百五 伎孔廟禮器碑旁丨皇代義作曁 毅 毅十三

毅九二 毅百八一 謂 謂卅三 謂百四二 渭

渭八六 緯 緯二 緯四九 緯八十 諱 諱

一 諱十三 諱廿一 諱廿三 諱卅三 諱卌六 諱

卅九 諱 七二 諱 百廿七 諱 二百五 貴 貴 五七 貴

六十 貴 八一 貴 下九十 尉 尉 十三 尉 三十 尉 四一

尉 九七 尉 百六 尉 百十五 慰 慰 四二 慰 五五 慰

七五 慰 九九 畏 畏 十三 畏 四四 畏 六五 畏 七七

畏 八六 畏 百六 畏 百卅八 罻 罻 百八六 魏

魏 魏 漢碑魏字山多在上巍字山却在下而諸碑或不同其詳見上平聲巍字下

九御

御 御二 御八 御十八 御卅三 御四二 御五八 御六四 御七五 御八三 御九八 御百十六 御百廿

御百八二御二百廿七去去六去十一去十四去二十

去卅二去四九去六三去七四去九二去百七八去

百八九去二百廿七據據一據十八據二十據

四一據五十據五七據七五䟽踈十七踈

百六八助助三助八三恕恕六十恕七四

庶庶六五庶七一庶七二庶百八九翥翥

議郎元賓碑翻丨色斯即翥字著著一著三著十著

四二著五十著五五著七二著百四慮慮

五慮四十慮二百慮二百卅一豫廿五豫

卅一豫卅九豫四一豫四四豫五六豫七八豫八四

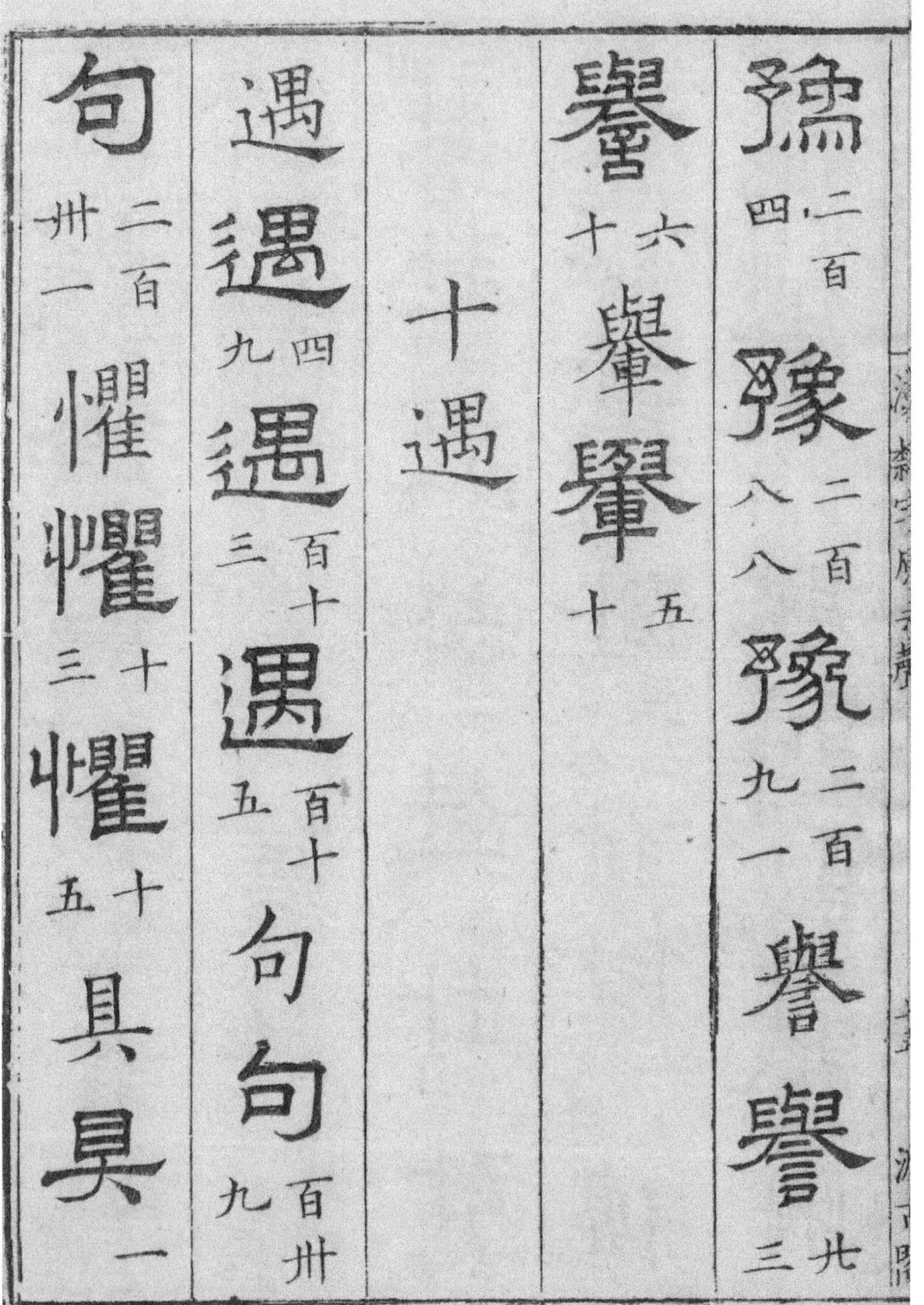

豫二百四 豫二百八八 豫二百九一 譽 譽北三

譽六十 舉 舉五十

十遇

遇 遇四九 遇百十三 遇百十五 句 句百卅九

句二百卅一 懼 懼十三 懼十五 具 具一

具十裕一九裕九裕百七八諭亦作喻

喻二十喻百四四喻百七九踰劉熊碑孜孜之丨義作諭

赴赴一赴卅六赴四一赴八三赴九二赴九七

赴百四一赴百五三赴百八五付付百卅八傳

傳十傳百十八賦賦十一賦十四賦四二附

附卅九附八三附百二附百四賻五六賻務務

一務七八務百二務百七八霧霧百八十婺

娶七八趣趣十趣十三聚聚廿一聚卅六

𡝩八九聚百七三戍戍百七九注注一注七

柱郙閣頌䜭源漂疾横｜于道義作注數數三數十五數

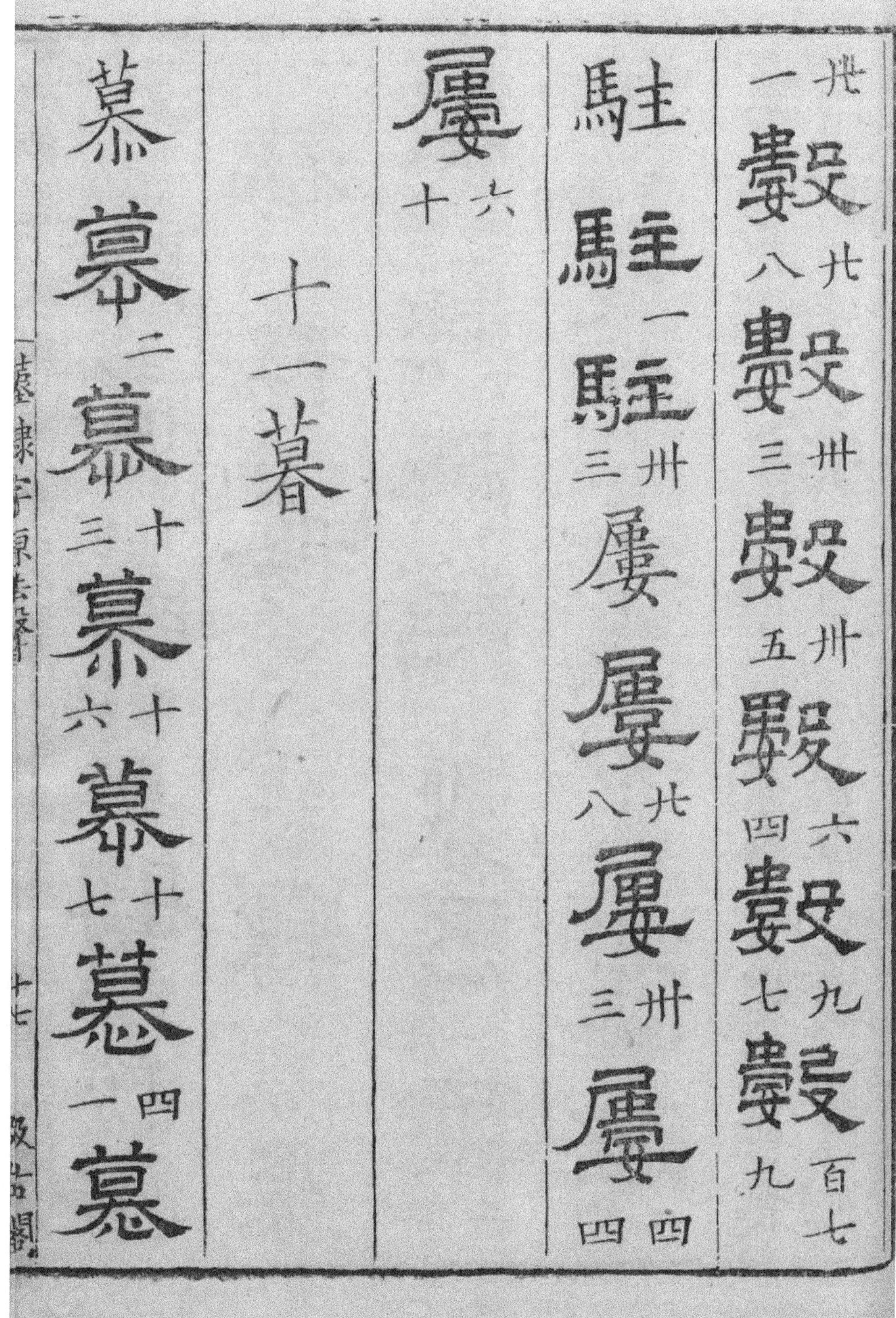

卌一𣪠廿八𣪠卅三𣪠卅五𣪠六四𣪠九七𣪠百七九

駐
駐一
駐卅三

屢
屢廿八
屢卅三
屢四四

屢六十

十一暮

慕
慕二
慕十三
慕十六
慕十七
慕四一
慕

四二 墓 四四 墓 六十 墓 六五 幕 七二 幕 八十 墓

八二 墓 九九 墓 百四 墓 墓 九二 墓 百十七 募 募

一 慕 靈臺碑共丨市碑著立功訓義作募 悕 悕 十 悕 四二

悕 百八 布 布 二 布 五 布 十三 布 北一 布 四二

布 五十 布 七八 抪 唐扶頌夷粵丨摀恔強難化丨摀音布戶不順理也

集韻擊也持也 步 步二 步廿 步六八 步九七 步

百六 步 百七八 捕 捕 百七三 哺 哺 百五二 素

素十 綮十三 素廿二 綮四一 素四二 訴亦作愬

遡十七 訴五五 遡百六六 泝亦作遡泝 泝四二 遡

百七三 措 措八五 錯 錯卅六 祚 祚一 祚

二

祚十三祚十三祚七二祚百五四阼阼九九𨀣

祝睦後碑踐｜義作阼胙州輔碑曹騰碑陰踐｜義皆作阼胙胙二十

胙百四五兔亦作菟菟三菟四一兔百七七菟

百七八度度一度度三度五度十三

度卅一度七八渡老子銘蟬蛻｜世與度同渡渡百七八

路
路 卅一
路 卅二
路 卅六
路 七二
路 八六
路 百四

露
露 卅三
露 卅四
潞
路 劉寬碑陰澤丨即澤潞

怒
怒 十三
怒 卄三
怒 卅六
護
護 一
護 四五

庫
庫 二百卅一
顧
顧 十三
顧 百二
顧 百五十
故

故 六
故 十三
故 三十
故 卅六
故 四十
故 七二
故 百廾

故百廿二　故百四一　故二百廿九　固十三　固二十　固五七

錮鄭固碑呂疾｜辭義作固　汙亦作洿　汙七　洿二百八三

汚二百九一　惡二十　惡四一　惡五十　悟　悟廿一

悟八六　寤十二　寤四九　寤五十　寤九十

寤百九　寤百六十

十二霽

濟濟一濟十五濟廿三濟四七濟八九濟

百四六細細卅六細七九壻亦作婿聟唐公房碑

期丨谷口山上說文引詩女也不爽士二其行士者夫也當從士或從女俗作丨閉

閉五八閉七九帝帝一帝十三帝四四帝

八三帝百三帝百六帝二百八七啻替二替百九

替二百十五涕涕四一涕五十涕六五涕百六第

第六第百八一第二百三悌悌十五悌百七九

弟弟八弟四一弟八五弟百四弟百十五

弟百卅七麗麗卅一麗四二麗二百十八隸

隸卅一 隸五八 隸七二 隸七七 隸九八 隸百七七

隸 司丨校尉楊淮碑凡隸字皆作丨 儷 儷百七十八 戾 戾九十

戾九六 迡 集韻近也 迡卌七 系 系六九 系百十八

系百八三 契十 挈百七九 契百八三 計

計二十 計卅六 計七二 繫 繫六 繫五十 繫

百七八 繼一 繼二 繼三 繼卌一 繼卌三

繼卌八 繼四九 繼八十 継八九 翳七三 翳

八三 翳百十一 殪 殪四二 詣 詣一 詣九七

惠 惠四 惠十四 惠十五 惠七四 惠七九 惠

九十 惠百六 惠百十九

十三祭

祭 祭十二 祭百四二 際 際三 際五 際四十

歲 歲三 歲十二 歲十三 歲廾二 歲廾六 歲四十

歲四四 歲六三 歲六七 歲七八 歲八五 歲百十五

歲百卅九 歲二百八 歲二百九一 彗 彗十五 丗

丗 六
丗 七
丗 十五
丗 二十
世 卅一
世 三十
丗 卌六

㐖 四一
丗 五十
丗 五二
丗 五五
世 五七
丗 六十
丗 六六

丗 七一
丗 七二
丗 七八
世 九十
丗 九七
丗 百三
丗 百六

丗 百十
丗 百十九
貰
貰 六四
勢 亦作埶
埶 二十

勢 九七
勢 百十六
勢 百十七
制
制 三
制 六
制

七

制百四一 筮 筮百七九 逝 逝十七 逝卅六 稅

稅四四 蛻 蛻二十 汭 汭陳球後碑蓋周存六代媯丨繼虞建國于陳即汭字 蚋 蜹卅三 滯 滯二十 滯卅五 滯六八

滯八五 滯百七九 遰楊孟文石門頌丨㝵無前即滯字 厲

厲二 厲卅一 厲卅九 厲四四 厲四九 厲五六

厲九八癘癘卌三綴綴十曳曳百卅九

裔裔二裔三裔卅六裔卅八裔四二裔

六一裔七三叡叡五六叡七十叡七九叡二百十九

鋭鋭十五藝亦作埶埶一埶六埶十藝

卅九藝五十埶六七埶六九藝七二藝八九埶百六二

蓺 二百八一 蔽 蔽 卅六 蔽 百四二 蔽 百七七 蔽 靈臺

碑丨芍說文 蔽或作丨 幣 魏元丕碑丨芾其 縱即蔽芾其蹤 敝 敝

十 幣 幣 廿一 斃 斃 百八二 斃 楊孟文石 門頌惠虫

丨狩義 作斃獸 獘 獘 十八 斃 孔宙銘興朴 彪丨義作斃 衛 衛

三 衛 十 衛 卅三 衛 卅六 衛 四六 衛 五十 衛 八十

衛百八

十四泰

泰泰八太夳六八大九二太百十五太

二百三范蔚宗避其父諱後漢書無泰字郭林宗鄭公業之名皆易之漢人書碑廟號如太宗官名如太尉太常太中地名如太原太陽之類皆作大泰山亦作大惟高頤及太尉

劉寬二刻太字用點及衛尉衡方碑恩降乾
夳乃增一畫至涼州刺史魏元丕碑書遭泰
夫人憂却作泰字其不同如此 汏 㳲 二百北四 帶 帶 一 帶
十九 帶 六七 帶 七一 帶 七五 帶 百六 大 大 四九
賴 賴 一 賴 三 賴 卅三 賴 五七 賴 六十 瀨 瀨
卅六 柰 柰 五十 柰 七八 柰 九十 貝 貝 二百卅一 沛

沛卅五沛六五沛百六沛百十五沛百四二兊究

卅五霈沛郙閣頌濤波滂丨義作霈蔡十七蔡卅八

蔡百五二蔡二百廿七最冣卅八冣四十害害

十害卅三害四九害七五蓋蓋三蓋十六蓋

廿七蓋卅六蓋四一蓋六七蓋八五譪譪卅六譪

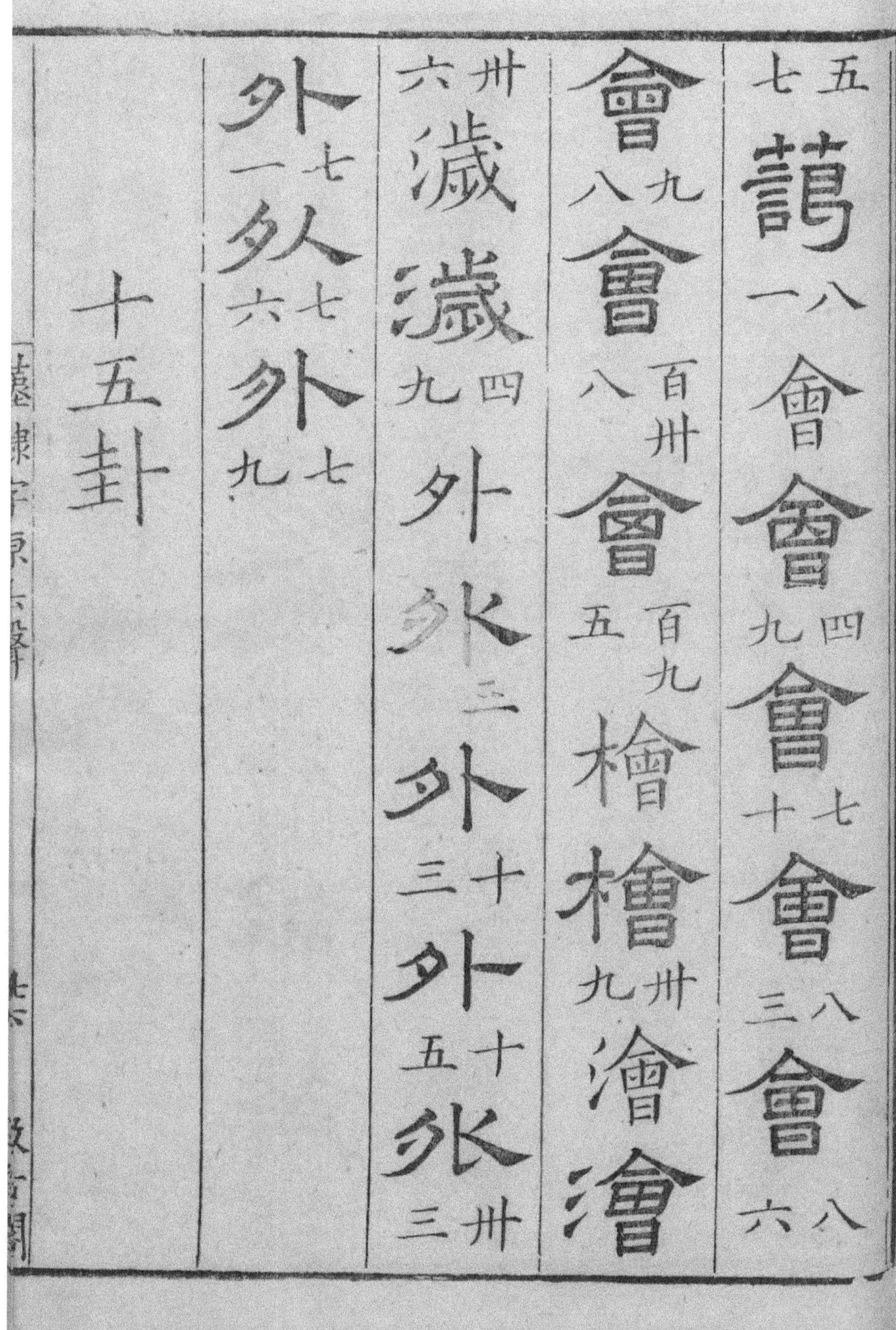

五七譪八一會會四九會七十會八三會八六

會九八會百卅八會百九五檜檜卅九澮澮

卅六瀸瀸四九外外二外十三外十五外卅三

外七一夘七六外七九

十五卦

卦卦七卦十五畫畫廿三懈𢙈四二解

陳球碑夙夜匪丨義作懈邂邂七八解解、四五解百十

隘隘百八六賣賣廿一

十六怪

怪亦作恠恠十五恠百七七蕢蕢六二壞壞

十一壞卅二戒戒六戒卅一戒四九誡誡九十

介介十五介十八介廿四介六二介七十介百十一

价价六五界界廿七界四一界六八屆屆田君斷碑究丨道要即屆字

械械百七九薤薤六一薤

九一拜拜十拜卅六拜四二拜六二拜百六殺

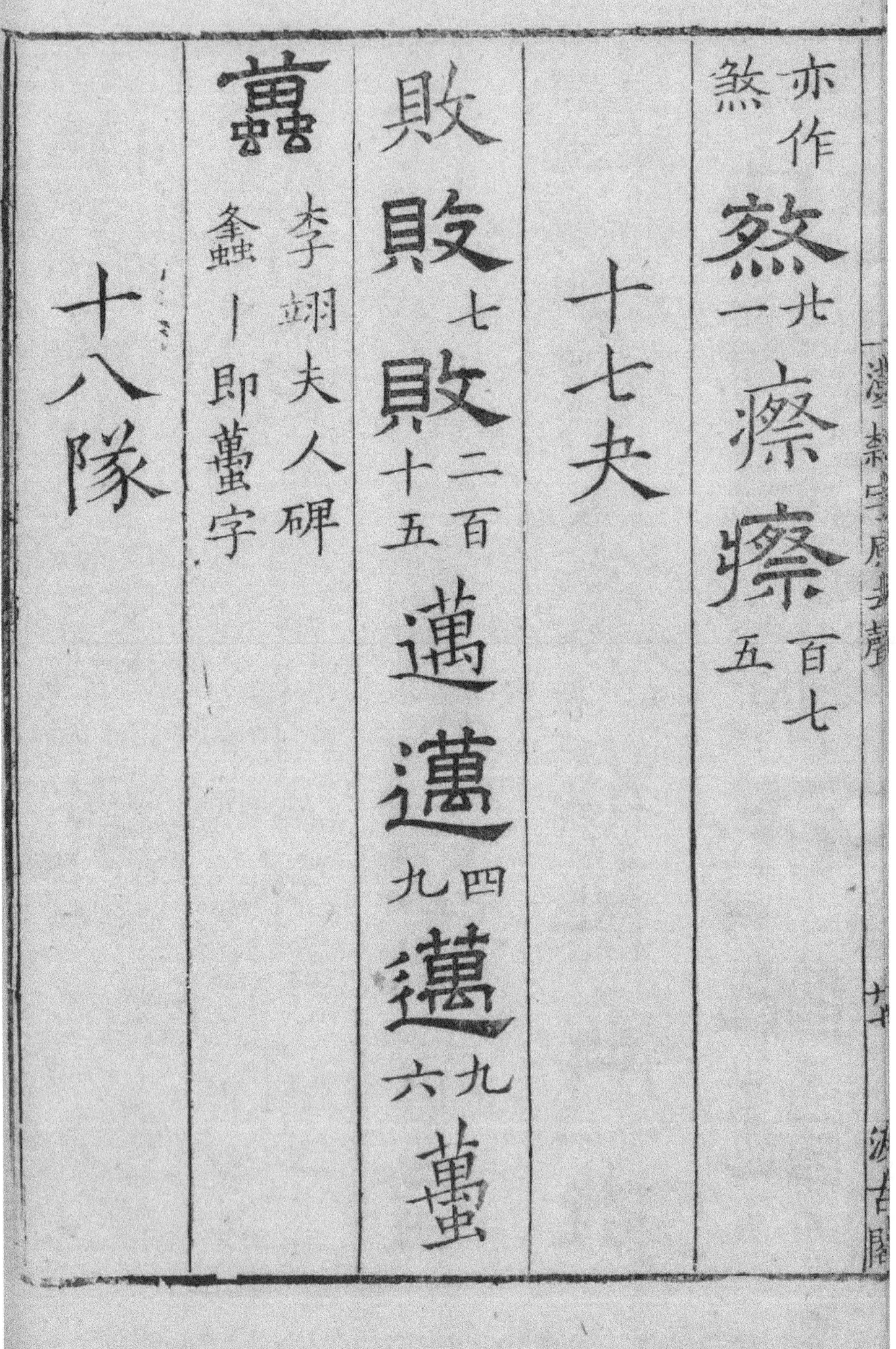

亦作煞
煞 廿一
瘵
瘵 百七五

十七夬

敗
敗 七
敗 二百十五
邁
邁 四九
邁 九六
蠆

蠆 李翊夫人碑 蠆丨即蠆字

十八隊

隊 隊九六 對 對孫叔敖碑丨其母泣又孟具列丨說文丨應無方也从丵从口或从士漢文帝以爲責對而爲言多非誠對故去其口 對八三

退亦作逷 退五五 退五六 逷五八 逷五九 逷七二

還八三 還百四 耒 耒五十 耒八五 內 內一 內七九 內百卅七 內百四二

配 配一 配十五 配五五

配二百八八妃孔廟禮器碑聖丨詩喪其丨耦史記外戚世家丨匹之憂音配匹也

佩佩四九珮六六背背二十倍衡方碑丨滎向哀義

作背妹妹五八昧昧八三碎碎百四九潰

潰百七七匯匯四一誨誨一誨四四誨八三

誨九二塊亦作凷塊二凷六八

十九代

代代十代廿一代百七八代百七九岱岱

廿四岱四一岱四三岱百五九貸貸廿一儯七八

態態百五三戴戴四五戴六五塞塞

三塞百八一賽塞無極山碑白羊｜神義作賽再再

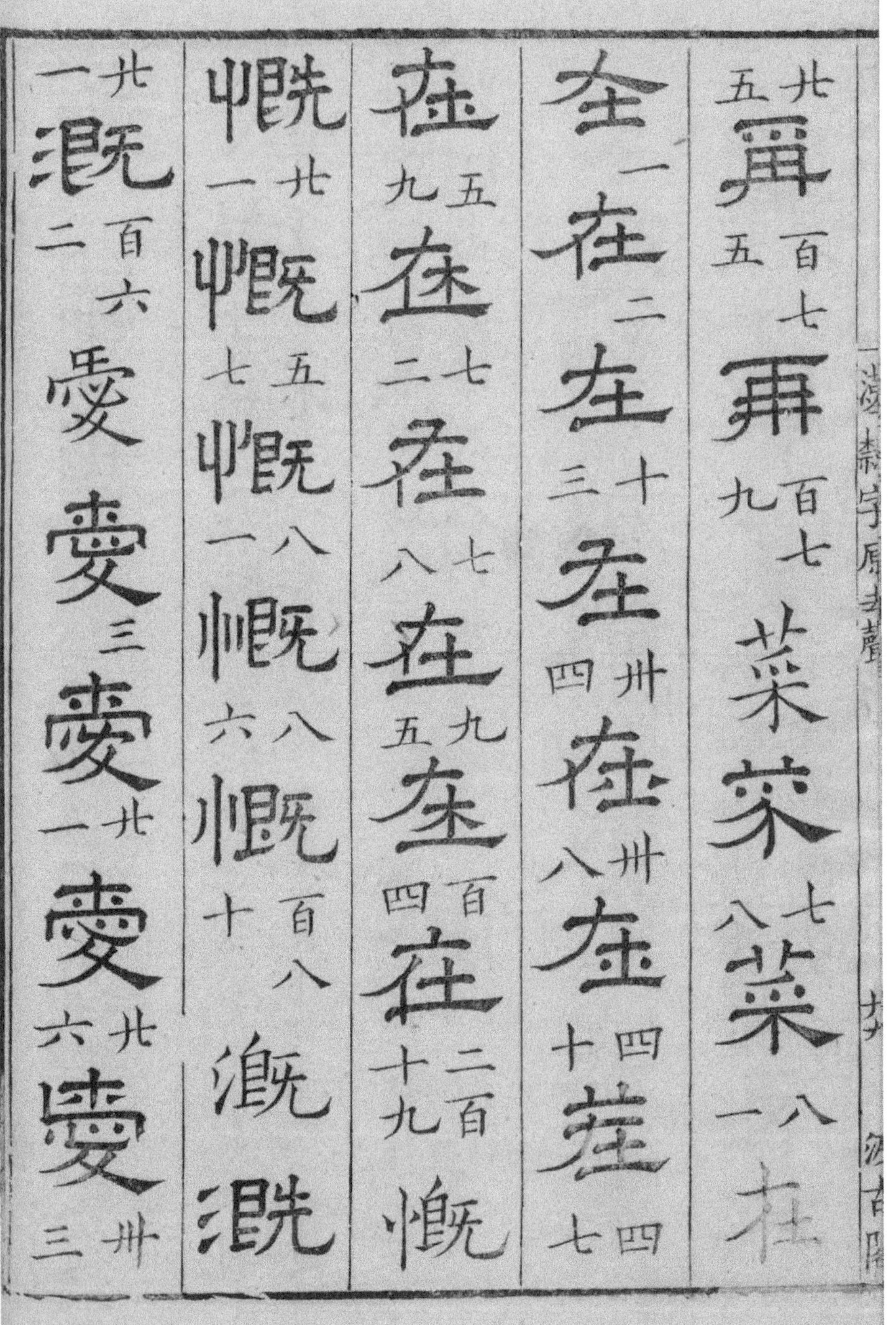

廿五 再 百七五 再 百七九 菜 菜 七八 菜 八一 在

在 一 在 二 在 十三 在 卌四 在 卌八 在 四十 在 四七

在 五九 在 七二 在 七八 在 九五 在 百四 在 二百十九 慨

慨 廿一 慨 五七 慨 八一 慨 八六 慨 百八十 溉 溉

廿一 溉 百六二 愛 愛 三 愛 廿一 愛 廿六 愛 卌三

叜叜卅四叜卅五叜七二叜八一叜百四叜百六叜

傁二百九四傁十㝵㝵楊君石門頌遭|弗前即礙字說文

止也南史引浮屠書作|

二十廢

廢廢三廢廿二癈癈十二癈百四乂乂

四九艾脩華嶽碑丨用昭明郭君碑庚續丨康當作乂艾楊孟文石門頌烝〻丨寧史記封禪書天下丨安漢書郊祀志天下丨安讀曰乂刈亦作艾艾

一艾十五艾卅九艾卅九艾八六艾百卅八艾百六三穢

穢卅八穢七九穢百二穢百八一穢樊毅脩華嶽碑荒溼

臊丨義作穢

喙

喙北六

二十一震

震 震十八 震四二 振 振四一 振四九 振六四

振八三 刃 刃百八一 仞 仞十五 仞廾六 刃無極山碑浚谷千丨義作仞

軔 軔八三 牣 仞三公山碑草木暢茂亙丨不數義作牣滿也

鬒 鬒百八五 殯 殯四九 殯九二

殯百四五信信廿六信四五訊訊廿九晉晉二十

晉六四晉百二晉百十一縉縉五八縉八三縉百六

縉百十七瑨晉馮緄碑南陽太守成｜漢書作成瑨進

十三進十七進百十五進百卅一齔齓十六二鎮

鎮十三鎮四二鎮九八疢疢九七陣陣百九五

磷 磷 州輔碑磨而不丨義作磷 藺 藺 八五 印 印 四九

印 五七 印 二百九三 釁 釁 百七七 覲 覲 五三 瑾

瑾 卅三 憖 憖 百六 憖 百八五

二十二稕

舜 舜 二十五 舜 四九 舜 八五 舜 九四 舜

百四三 順 順 十五 順 卅一 順 卅六 順 百十八 潤 潤

十五 峻 峻 十二 峻 五七 峻 七九 駿 羊竇道碑下入深谷危丨回遠義作峻

陖 周憬銘增丨隋兮史記禮書豈令不嚴刑不丨哉即峻字

浚 浚 四五 鵕 鵕 八六 俊 亦作儁 俊 八 俊

卅五 俊 四一 儁 九七 俊 百六三 畯 畯 六十 駿 駿

三十駿百四九

二十三問

問 問廿二 閅七二 汶 文史晨碑丨陽馬琮義作汶 糞

糞六三 奮 奮 奮 奮唐扶碑丨威颺武王純碑

操犢丨筆曹騰碑陰能自丨拔於險阻之中

魏大饗碑丨靈威魏上尊號奏丨武將軍漢

碑奮字皆作六六至舊字則作艹頭 訓 訓二 訓十九 訓卌九 訓

百卌八 郡 郡十三 郡卌五 郡卌九 郡五十 郡五四 郡

九七 郡百四 郡百卌一 慍 慍四三 蘊亦作薀 薀九五

熅 熅 運 運三 運十五 運八三 分 分

百五二

二十四焮

靳 靳六一 靳二百卅三

二十五願

願 願九 願廿三 願六五 願七二 願百八三 券

券九四 勸 勸一二 勸四四 怨 怨四二 怨

九七 獻 一 獻 北五 獻 四二 獻 四三 獻 八六 憲

靈臺碑魚師衛仕驛丨鱻魚服之延年義作獻 憲 憲 三 憲 八 憲

北一 憲 卅六 憲 七二 憲 二百九五 建 建 五 建 北九

建 卅二 建 卅六 建 七二 建 八五 建 百卅八 建 百五六

建 二百一 飯 飯 四九 萬 亦作万 萬 一 萬 三 萬

十三萬十五萬三十萬六四萬六九万二百一曼曼

華山亭碑毅阮君碑碑陰孔彪碑中部碑皆作丨即曼字漢碑皆然

蔓蔓一

蔓卅九

二十六慁

溷溷北一困北一困卅三困卅六困八九

悶悶八一巽巽十七遜遜六四遜七四

遜七九頓頓六頓十頓十二頓五七頓七九

遯亦作遁遁二十遯四二遁五五論論二十

論五六論六四

二十七恨

恨 恒 廿一 帊 五三 艮 昆 廿六

二十八翰

翰 翰 五六 翰 七五 翰 二百卅一 旱 旱 廿七 捍 亦作扞

捍 百四四 扞 百六十 漢 漢 二 漢 六 漢 十九 漢

卅八 漢 四七 漢 八六 漢 百四 漢 百廿 漢 百卅 漢 二百廿九

漢二百卌一 幹 韓七七 韓八十 韓百六 干景北海碑陰故
丨六人在循行小史之間隸文幹字其旁从
亠从干或从亠从午令作丨蓋是幹字省文
與財爲爵倣 干司馬整碑陰諸曹脩行二
爲脩之類同 十四人諸曹丨十三人在
書佐小史之間蓋是以脩爲
循以丨爲幹爲省文與上同 幹 韓四二 按
按六八 案 案三 案六 案十 案十二 岸

岸卅六犴犴四二犾九七贊贊六六贊七三

讚讚六讚六九讚八四瓚瓚二百卅一炭

炭五炭廿一歎集韻通作嘆嘆七嘆十嘆卅一

歎四一歎五七歎百四歎百十九嘆二百五爛爛

廿五爛五六蘭堯廟碑丨然成就義作爛旦旦二旦廿一

亘卅九

二十九換

換換四一換六五換八九換九二奐奐五八

煥煥一煥六九暵魯峻碑丨矣昀昀三字俱易火以日渙

渙四四渙九六渙百十五貫貫三貫卅六貫

百二貫百四宦石經魯詩殘碑丨女莫我冐勞魏國風作貫今作丨冠

冠五冠廿七冠六三冠徐氏紀產碑弱丨義作冠灌灌

廿一灌七九灌百六二盥盥百四十玩玩卅六玩

六二判判十五泮泮卅九泮四四畔周公禮殿記始

自文翁開建丨宮義作泮畔畔七畔五七叛叛百八一

幔 幔五 漫 漫七一 漫七五 筭 筭十四

弄百四 弄百七七 弄百八三 竄 竄四二 鑽 鑽

卅六 斷 斷十三 斷卅一 斷七九 段 段十九 段

廿一 段八四 亂 亂五 亂七 亂二十 亂六四 亂

七一 亂九二 亂景君銘丨曰即亂字省文

三十諫

諫 諫 百四一 諫 百四五 澗 澗 卅六 晏 晏 廿四

晏 四一 鴈 鴈 六八 患 患 三十 患 五八 患 百二

宦 宦 一 宦 十八 宦 五七 宦 百十五 擐 擐 八九

慢 慢 四九 訕 訕 百四二 棧 棧 百四六

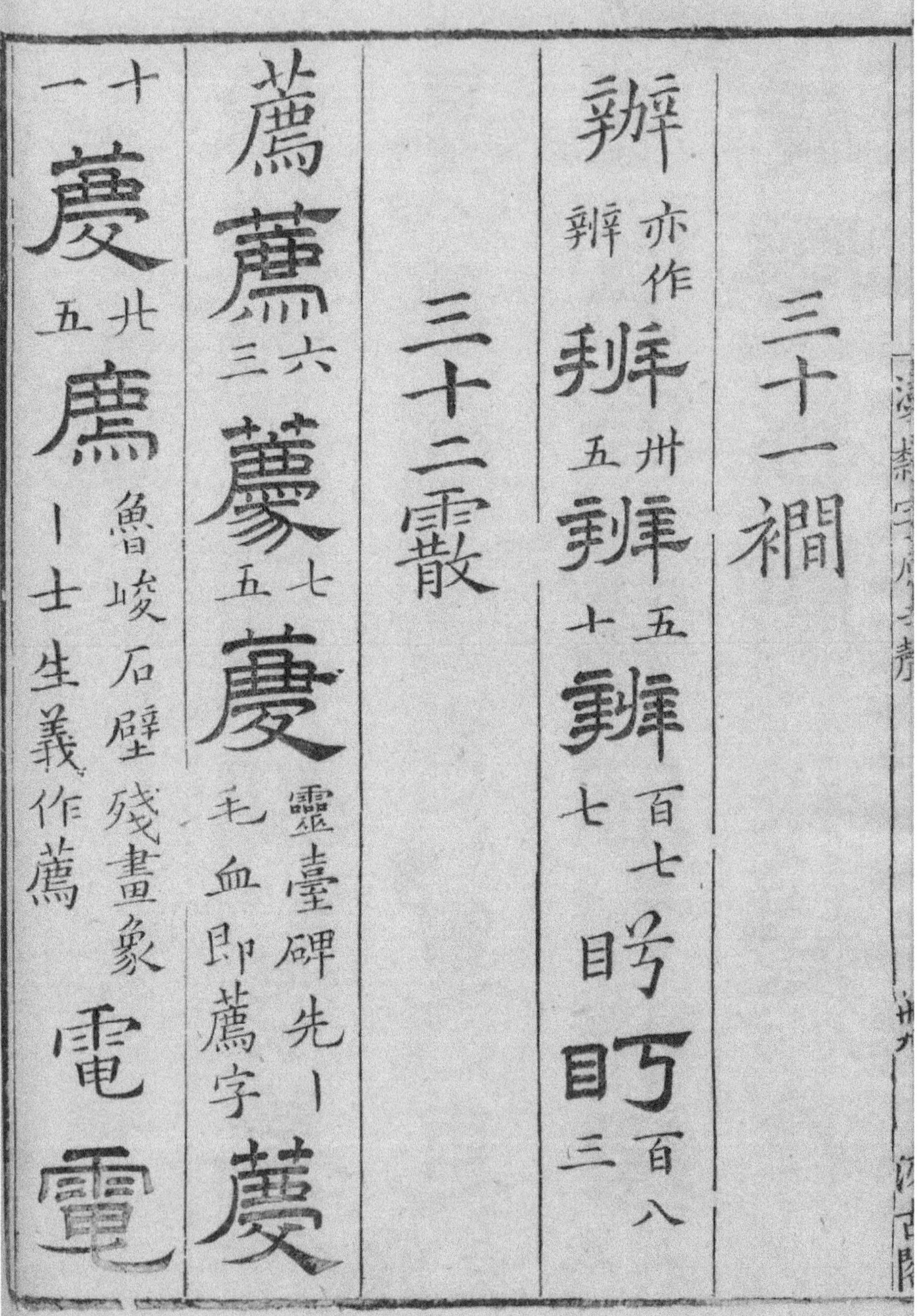

三十一襇

辨 亦作辧 辨 卅五 辨 五十 辨 百七七 盱 盱 百八三

三十二霰

薦 薦 六三 薦 七五 薦 靈臺碑先丨毛血即薦字 薦

十一 薦 卅五 薦 魯峻石壁殘畫象丨士生義作薦 電 電

卅六 電 七七 殿 壂 一 壂 五 殿 七八 殿 百七八 奠

奠 十五 甸 甸 八五 練 練 四一 練 四九 鍊

湅 冀州從事郭君碑服職鍛丨義作鍛鍊 見 見 四八 見 九一

見 百四 宴 宴 十三 宴 四九 燕 燕 卄三 燕 七二

縣 縣 一 縣 十三 縣 二十 縣 卄七 縣 六 縣 六七

縣七八縣百卅縣二百九三玹十九玹偏徧

十二徧百七九徧張公神碑公神日著聲洞丨兮義作徧

三十三線

羨羨二十羨百一羨百四羨百八十賤賤

八一旋旋五旋卅六戰戰五戰六五繕

繕一繕十三繕十四膳膳一百八擅擅六

禪禪二禪四一墠墠一墠墠二硯武梁碑設

磹丨即墠字轉轉七十傳傳十二戀戀四一

戀百十六孿仙人唐君碑妻子丨家即戀字孿李翊碑二交追丨詠

其甘棠即戀字孿北海相景君銘路遐丨親即戀字衍衎五十

譴 譴三 掾 掾四 掾十三 掾廿九 傢建平郫縣碑五官丨即掾字

彥 彥四 彥四五 彥百十 援

援百六八 媛 媛五七 眷 眷亦作睠 睠七三 卷

卷四四 倦 倦一 倦九八 倦九八 券涼州刺史魏君碑施舍弗丨蓋倦字它碑所未用

面 面十六 面卅三 面

百卅八 變 變 三 變 五 變 十 變 六五 變

百五 卞 下 六 下 四七 下 二百九七

三十四嘯

嘯 嘯 卅八 弔 年 五六 年 六八 弔 七二 弔 九八

弔 百十二 𠯗 百十八 弔 百六一 眺 眺 四九 踔 跳

趀阮神祠碑揚波丨沫即趀字集韻云越也或從北 調 調卅一 料

㪊六三 粁百七九 叫 叫八三 旪百六 徼 徼卅三

三十五笑

笑 咲王政碑時言樂丨集韻云笑古作丨 肖 肖北二 陗

亦作峭 陗卅六 醮 醮北六 醮北七 少 少八三 照

亦作炤炤一百𣅳百六二照二百八九詔詺一詺六

詺四二詺百六詔百五七詺百七八邵郘四郘

廿三卲五十劭劭二百卅二召召廿三七九佋

百十五燎燎十二燎十五燿亦作曜燿七曜

八燿十曜四九要一要要二百一妙妙

一

妙百廿五 廟五 廟六 廟六五 俵 俵一

三十六效

效 效一 效九 效十 效廿三 效四四 効七八

效七九 效八十 斆九七 校卅一 校卅五

校六四 孝 孝六 孝五十 孝六三 孝七二 孝

百廿二 孝 百八六 教 教 一 教 六 教 十 教 十八

廿三 教 四二 教 五五 教 八三 教 百五 較 較

七九 豹 廿八 豹 五三 豹 七九 豹 九八 豹 百七八

豹 二百十五 貌 貌 二十 䫉 嚴訢碑棠〻容丨說文從人白象人面形

或從頁漢書刑法志人宵天地之䫉

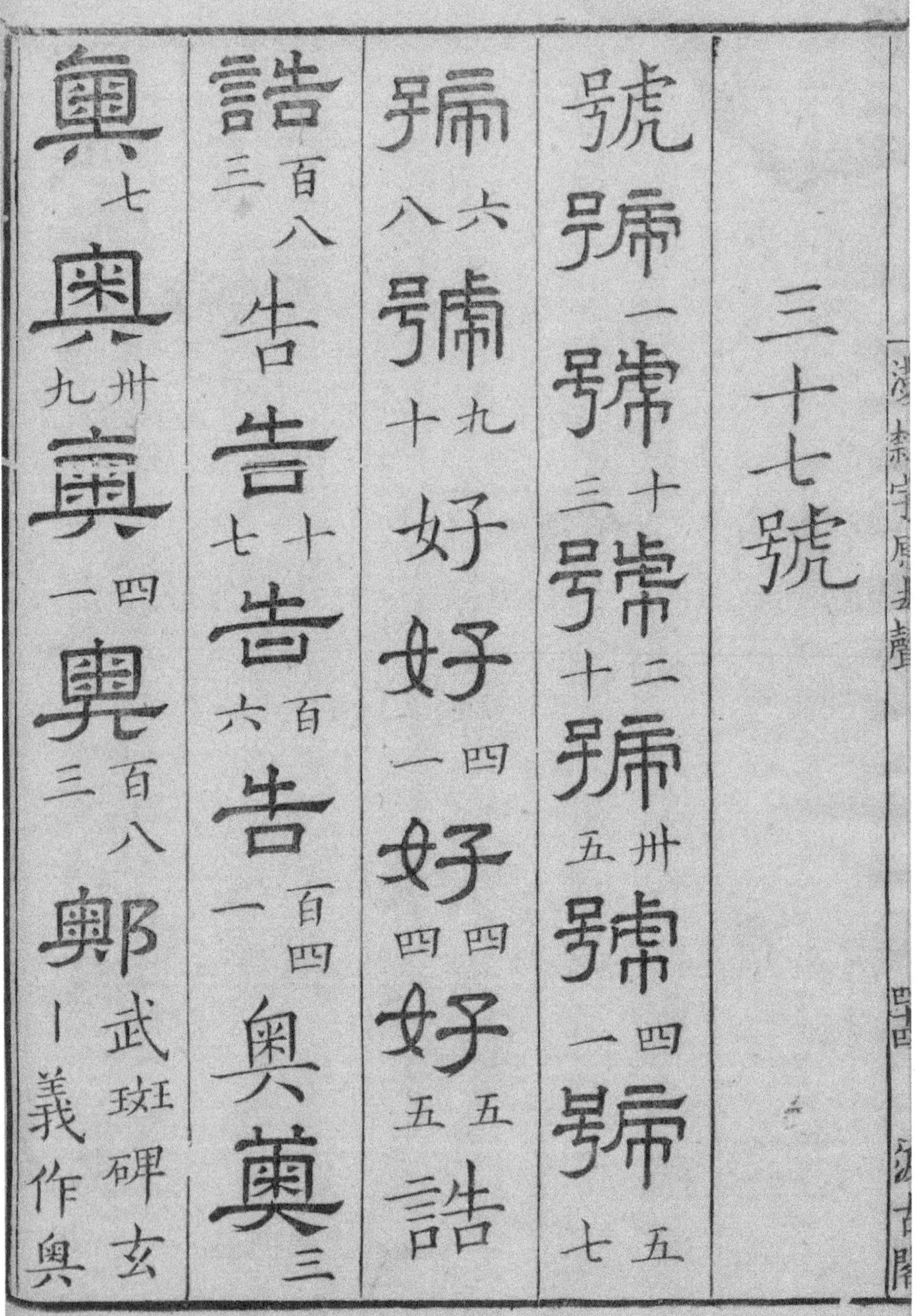

三十七號

號 號一 號十三 號二十 號卅五 號四一 號五七

號六八 號九十 好 好四一 好四四 好五五 誥

誥百八三 告 告十七 告百六 告百四一 奧 奧三

奧七 奧卅九 奧四一 奧百八三 鄭武斑碑玄丨義作奧

隩 譙敏碑深明箕丨仲秋下旬碑淵丨發明義竝作奥 隩 隩 七一

報 報 二 報 六 報 十 報 十二 報 十五 報 十八

報 廿一 報 廿七 報 廿八 報 七八 報 七九 報 八十 報

百五三 虣 通作暴 虣 樊毅脩華嶽碑誅強丨撫瘠民按周官大司徒以刑教中則民不丨諸韻皆作虣獨柳子厚鐃歌屈虥猛釋音云諸韻無此字合作獻則又反

其武
暴十八
暴廿五
暴卅三
暴卅九
暴四二
暴

六十
耄
耄百七十一
旄老子銘聃然老丨之貌義作耄
燥
燥卅五

譟
譟百七七
操
操三
摻五六
操七九
操八十

搡九二
搡亻四
搡百十八
造
造七
造卅三
漕

漕四二
到
到六
到十
到三十
到六四
到七二

到八十 到八五 禱 禮卅八 禱百六 導 導十一

導卅五 導卅六 導四一 導七八 導九八 盜 盜三十

盜四一 悼 悼四二 悼八三 蹈 蹈四十 蹈五十

⿰足匋 靈臺碑陰遵柩丨規義作蹈

三十八箇

賀賀卅九佐佐十四佐三十佐百九十

三十九過

過過三十過卅一過卅三過卅五過五八過六四

過八九過百北五過百四二播播卅八播五三播六十播百七九[illegible]朱龜碑橫海呂將軍碑丨聲按說文播古作[illegible]破破

卄一破卅二破卅三挫挫卅八坐坐一坐十

坐卄一坐卄五坐六四坐九二坐百四十坐百五四坐

二百十七貨貨卅三貨二百八五

四十禡

怕怕六二霸霸七十霸七九霸百二霸百七八

借借百五三謝謝十五謝十七謝四九謝百十

謝百五二舍舍一赦赦百七九射射二

射卅六詐詐卅三夜夜十夜十七夜四七

杈五三夜七八夜九二暇暇四二暇七五暇百六

夏靈臺碑曰稷不丨義作暇夏夏十五夏廿三夏廿五

夏卅六夏四三夏六十夏七八夏七九夏八三

駕駕一架架廿一稼稼卅一稼百五

亞亞十五亞八六亞九十華華十二華

十三華卅七華九八華九九華百五十化化

二化四一化五十化七二化百四化百六十跨跨

賈 四九 與價同 賈 孔廟禮器碑工不爭丨建平鄆縣碑丨二萬五千語求善丨而沽諸禮㬎成奠丨與價同

四十一漾

羕 八四 羕 百七六 養 養 四二 養 五十 訪

訪 廿二 訪 九二 望 望 一 望 十二 望 廿八 望 六五

朢七一望八六望八九望九二望九六望百四望

百十六望百五三相相六相二十將將三獎

卅六將三十匠匠四九匠六四匠百七八匠二百十九向

向四二向五十唱亦作倡倡廿三唱卅六障障

卌一障六五尚尚卅五尚百九尚百卅九尚二百卅一

上 上百四 上百六 上百四十 壯 壯卅六 壯二百十九

創 創卅三 創百十一 愴 愴四十 愴八十 愴九二

愴百十五 狀 狀六 狀十四 狀三十 帳 帳百廿五

暢 暢二百十九 畼 按集韻畼與暢同音說文畼不生也暢長

也通也今三公山碑草木丨茂夏承碑靡不

尋丨劉熊碑感丨園令趙君碑丨于諸夏凡

漢碑丨字義皆作暢暘廿六暘七二暘七九邕邕四四

杖杖八五杖百四二諒亦作亮亮一亮八亮

四五諒九八亮百卅八悢悢四十兩兩卅五㒳

卅六況況四九兄樊毅脩華嶽碑丨乃盛德惠及神人即況字

四十二宕

宕宕四三盪盪九四閬閬四三喪

𡂤四五𡂤五一喪五三喪七十喪七二喪七九喪

九九喪百六喪百十八喪百十九喪百六六喪二百廾七七喪

二百九三葬塟一塟三葬五八塟六四葬六九

葬九八葬百四一藏藏老子銘老子爲周守丨室吏按集韻

物所畜曰藏丨當作藏
亢 亣 十三 亢 五六 亢 八九 亢

二百十九 伉 伉 卅一 伉 九八 伉 百十 曠 曠 十三

曠 四四 曠 百四六 壙 武斑碑歷世丨遠義作曠 絖 絖 六二

謗 謗 百十五

四十三映

競競十三競廿五競九二競九九慶慶二

慶三慶十五慶十七慶四一更更十五更三十

更卅一行五十行百一横横百十五孟孟

一孟三孟十五孟十九孟三十孟四四孟四七孟

五五孟百卅一孟二百卅孟二百八四病病廿一病四九

病五十病五七病六四病七五病百六命命二

命十五命九二命百卅五詠亦作咏咏七詠

卅三詠五十詠百八三

四十四諍

諍諍四一迸迸七五

四十五勁

复 复六九 併 併二百八七 屏 迸蔣君碑遵五一四禮記大學云丨諸四夷釋丨為屏後漢傳有遵五丨四之文今此碑亦然

聘 聘十 聘四八 聘七五 騁八九 娉樊敏碑再奉朝丨義作聘

娉 娉百十五 娉百十八 性 性 性一 性二 性卌六

性四十性四五性七二性九二性百十五性百九五

姓姓一姓三姓二十姓三十姓七二姓百九五

性樊安碑爲天下著丨戚伯著碑胄周別封氏衛戚邑而爲丨焉義作姓

靚

靚二百卅一聖聖一聖三聖二十聖北一聖

卅一聖卅六聖四一聖五五聖七三聖九二聖百四二

正

正十一

正十三

正二十

正卅三

正四一

正六三

正六四

正七二

正百六

正百十一

正百卅八

政

政三

政六

政卅一

政卅七

政卅三

政卅六

政四二

政五五

政六五

政七四

政百五

盛

盛三

盛三十

盛四三

盛七九

盛九十

盛百四

鄭

鄭二

鄭卅四

鄭卅五

鄭卅三鄭五六鄭百四一鄭百四七鄭二百十五令

令六令十四令十五令四二令百四令百卅敬

敬一敬十三敬四五竟竟四二竟四九鏡

鏡七鏡卅六鏡百七七竟騶氏鏡銘騶氏作丨四夷服李氏鏡

銘李氏作丨佳且好青羊鏡銘

青羊作丨四夷服皆从省文

四十六徑

磬磬七磬卅九磬七五磬百四二聽聽三

聽十四聽北一聽北六聽北七聽卅一聽五七聽

百卅八定三定七定十定二十定卅一定

四二定七十定九二定百四三寗甯四七佞佞

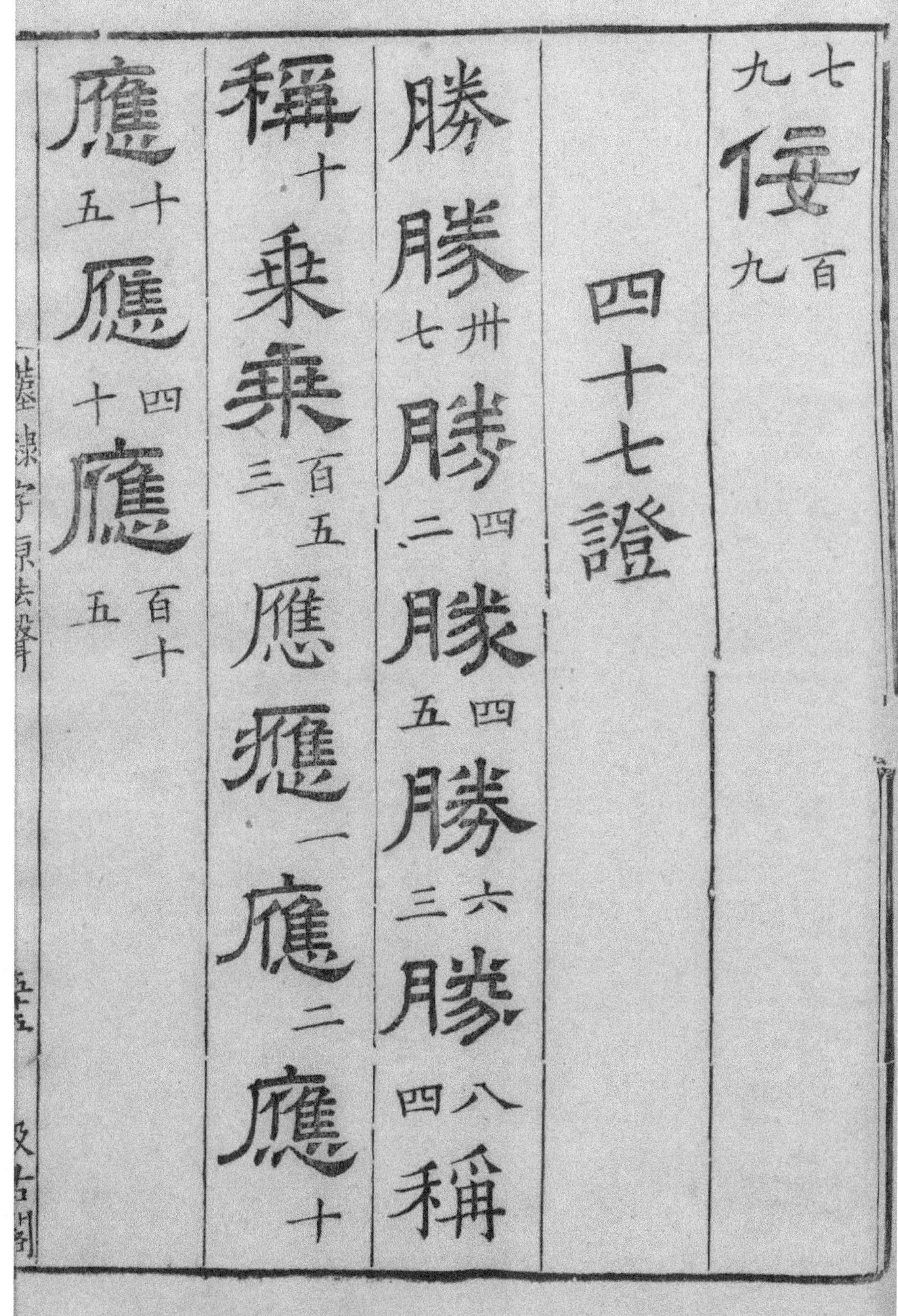

七九佞百九

四十七證

勝勝卅七勝四二勝四五勝六三勝八四稱

稱十乘乘百五三應應一應二應十

應十五應四十應百十五

四十八嶝

鄧 鄧十七 鄧八四 蹬 蹬卅八 贈 贈五七

贈九八

四十九宥

又 又卅六 右亦作佑 右十三 右北五 右卅二 右

四三 佑 八三 祐 祐 七 祜 五十 祐 六六 救 亦作捄 救

五 救 卅五 救 百十 救 百卅五 捄 百五三 究 究 十五五 究

三十 究 七八 究 八十 究 百二 寂 疚 疚 廄

廄 百一八 舊 二 舊 三 舊 七 舊 十 舊

十三 舊 十五 舊 卄八 舊 三十 舊 四二 舊 五六 舊 六二

舊百卅八 柩 柩八五 柩百十八 柩百八五 副 副

一 副六五 副八四 副八五 覆 覆一 富 富

三 富卌一 富百四二 秀 秀十五 秀四二 秀六八

秀七五 秀九十 繡 繡卅九 繡四九 繡二卅 百一

就 就一 就十三 就卌九 就卅二 就卅三 就五二

就百三就百卅八狩狩卅一狩百八三獸獸

十五獸卅三獸卅六獸卅七獸四十獸百四二狩石門

頌蔥虫蘖丨義作斃死獸授授一授三授四一授四四

授五十授八三綬綬五七綬六四綬七十綬九八

綬二百九三溲瘦四十晝晝十七胄胄

三冑四二冑五八宙宙六十留宿留宿

孔彪碑疾病丨丨史記武帝紀丨丨海上漢書五行志其丨丨丨告曉人備具深切宿先就反留力救反

五十候

候候廿二候五八候五九候八十候八九候

百廿一后 后十三 后卅六 后五五 后六九 后九上

后百卅八 后百四五 逅 逅七八 後 後二 後三

後二十 後百四 後百十四 後百四一 寇 寇廿二

寢卅五 寢卅九 寢四二 寢四五 寢八九 寢九八 扣

扣七四 戊 戊十三 戊百九一 茂 茂一 茂

四五茷六五茷百十一茂百十五楙楙百七八袤

袤廿九貿貿卅六奏奏三奏四三奏七九

豆豆百八十豆百八九梪孔廟禮器碑爵鹿柤丨張納功德敘旣脩

沮丨導我以文皆組豆之義說文云木豆謂之梪竇竇三十漏

漏百七八陋陋五五陋七一鏤鏤六九鏤

二百十九耨槈孔宙碑丨義作槈

五十一幺

幼幼四幼十三謬謬百十三繆繆

百六一

五十二𢆶

浸浸一寖華山廟碑丨用丘虛義作浸甚甚十四

甚卅五甚八五甚九六甚百四五甚百七八甚百八九

甚百九十任任十七識識二十識一百

識百八三譛譛百九譛百四五禁八三禁

二百十九蔭蔭卅一蔭百七七

五十三勘

紺紺十八琀琀九八闇闇三探

探八九探百八二探百八三

五十四闞

闞闞百卌五暫暫十五擔擔二百十九啗

亦作啖 啖 廿三 淡 淡 六八 澹 澹 四一 澹 五九

澹 七四 濫 濫 六七

五十五豔

豔 豔 四二 猒 亦作猒 猒 十五 猒 八一 饜 繁陽令楊君碑占見專對声丨帝心義作克猒 窆 窆 嚴訢碑賓沒踶寞⺊丨隸釋云

空字 槧 漸 二百卅一 襜 檐 七八 檐 百十三 贍 贍

二百十九 澹 張納碑郵｜凍餒義作贍 襜 外黃高君碑章文｜褴類乎斑貫吴公碑收｜遺孤竝借用贍字

五十六㮇

墊 韐 四三 念 七 念 廿一 念 卅五 念 四二

念六五僭僣二十僭百十一

五十七釅

驗驗一劒劒四九劒百七七

五十八陷

陷陥百二陷百四五臽臽卅三

五十九鑑

鑑 鑒十三 鑒七五 鑑九五 監 監一 監百卅八

六十梵

泛通作汎 汎百五 氾二百卅一 氾樊毅脩華嶽碑洪波丨臻堯命伯禹決江開汶即汎字 氾說文濫也 氾卅六

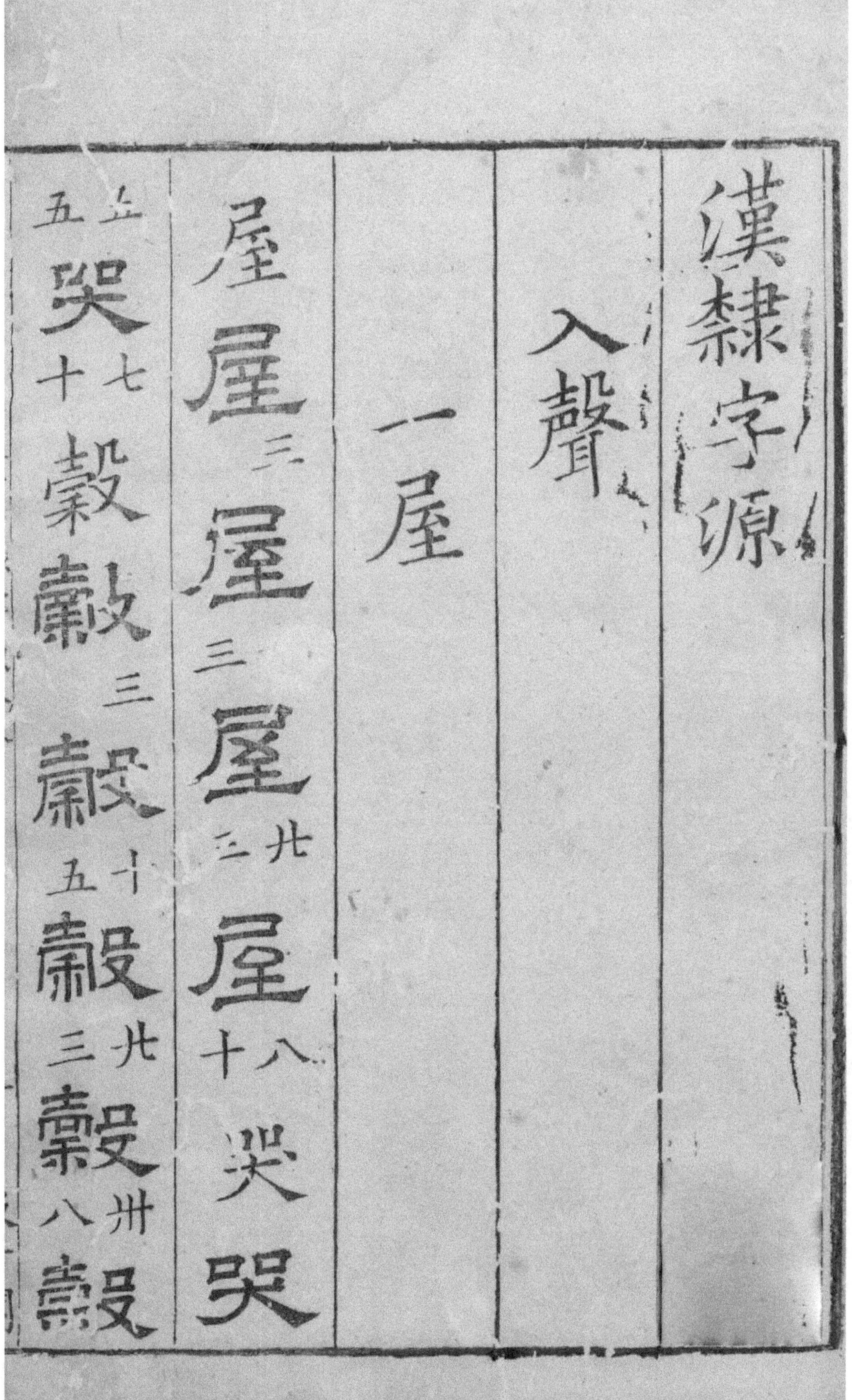

漢隸字源

入聲

一屋

屋 屋三 屋三 屋北三 屋八十 哭 哭

五五 哭七十 轂 轂三 轂十五 轂北三 轂卅八 轂

四十穀四二穀六二穀七五穀八三穀百四二穀百五三

穀百七四穀二百卅一谷廾三谷三十谷卅一谷

卅六浴老子銘丨神不死義作谷穀穀二百十五斛斛

十四斛八三卜人三卜八五樸樸百六四樸

百七九僕僕百九僕百十五僕百七八瀑瀑卅六

木 木十七 朩廿五 沐 沭百十 沐百七八 速

速六十 速六五 速八三 速百七九 族 族七 族

廿一 族廿二 族四一 族四九 族五六 族八十 族百八一

牘 牘五八 讀 讀五 讀百七八 瀆 瀆十五

瀆十七 獨 獨七 獨十五 獨四四 獨七九 𤢵

鄭固碑反獨爲丨義
見上平聲牯字下

祿 禰 十三 祿 十五 祿 二十

禄 五四 禄 六三 禄 七二 禰 八三 禄 丶五 禄 百十五

禄 百七八 漉 漉 卅五 漉 八五 鹿 鹿 二 鹿 三

鹿 七 鹿 卅四 鹿 六十 鹿 百卌六 角 角 百五四

福 福 一 福 十三 福 十五 福 十七 福 百四 福 百十一

福百六四 腹 腹卌三 腹五五 覆 覆卅三 伏

伏十 伏二十 伏卅六 𠘑樊敏碑肇祖丨戲史記趙世家丨戲漢書百官表丨羲音伏字本作虙轉寫譌耳

服 服三 服十五 服四一

服六三 服七九 服八三 服九二 服百四二 服百五三

服二百五五 復 復一 復二 復十 復十五 復卅一

復四十
復四一
復四二
復五七
復六三
復六四
復七五

復八五
復百六
復百十五
馥
馥二
馥六九
馥二百九一

目
目三

睦
睦卅六
睦五三
睦五九
睦百七八

陸嚴舉碑九族和丨唐君頌內和丨兮外奔赴義作睦

牧
牧卅三
牧五三
牧七二
牧七九
牧八五
牧九七
牧百四

穆
穆

七

穆廿五 穆卅六 穆四二 穆六二 穆七二 穆百四

穆百九 穆百十九 穆百九五 穆 郭仲奇碑丨郭君費汎碑丨丨

顯祖集古云以穆爲丨古文多如此 穆九四 肅 肅十 肅十三

肅十四 肅十七 肅廿六 肅四一 肅四二 肅七二

肅九九 肅百四九 肅百六一 肅百八七 夙 夙十

夙 四二 夙 六十 夙 七二 夙 九二 夙 尉氏令鄭君碑丨夜在公

即夙字 宿 宿 十四 宿 卅三 宿 五十 宿 百八 宿 百四二

蹙 蹙 馮君開道碑丨賓即蹙頻字 菽 叔 三公山碑丨粟

如火義作菽 叔 叔 四 叔 十三 叔 十八 叔 十九 叔

十九 叔 十九 叔 卅一 叔 卅七 叔 四一 叔 四五 叔 六六 叔

八四叔百七紂百十五尌二百卅一倏倐八六柷

祝孟郁脩堯廟碑丨圖借用作柷敔祝祝六祝八六況

外黃令碑東海丨基人義作祝其見上平聲其字下粥粥五八埶

孰十三孰二十孰八三孰百四二熟孰靈臺碑百

穀丨成騶氏鏡銘風雨時節五穀丨史記六國表物之成丨漢書律歷志物成丨高五王

傳灌將軍丨視竝讀作熟 淑 廿七 淑 四二 淑 五七 淑 七三

淑 九六 淑 百十八 淑 百九五 肉 肉 十一 縮 縮 九二

縮 百七五 謖 謖 一 竹 竹 廿一 竹 四四 竹 六七

竹 七七 竹 百三十 竹 張公神碑蕭丨兮藥鋪即竹字 竺 竺

竺 百八五 築 築 五 築 七八 築 百七七 筑 筑 百十一

蓄亦作畜蓄廿一蓄五十蓄八五蓄百十一稸
衡立碑無偿石之丨說文積也通作畜史記
范雎傳力田丨積漢書貨殖傳丨足功用音
畜逐逐百七七逐費鳳別碑虛白駒以丨義作逐六六
十七六廿三六廿九六七二六八百卅陸陸丶八陸四七
陸六一陸七七陸九六蓼蘁七九戮戮六五

勠
勠 百五
育 亦作毓
育 三
育 九十
育 百六三
育 百七九
毓 十
毓 四二
毓 五五
毓 五六
毓 八三
毓 二百卅一
昱
昱 百七八
煜
煜 百十六
畜
畜 北三
慉
勖 鄭固碑忠呂自丨義作慉
鞠
鞠 八四
鞠 二百七二
彧
彧 六二
彧 一百
郁
郁 一
郁 四五

二沃

鵠 鵠四五 酷卅五 酷七九 酷百九五 篤

篤十五 篤卅六 篤四二 篤七二 篤百十五 篤百六九

竺薛君碑遇此｜旻亦音篤 督 督四 督卌四 督三十

督六四 督七二 督七九 督百四 督二百九一 毒

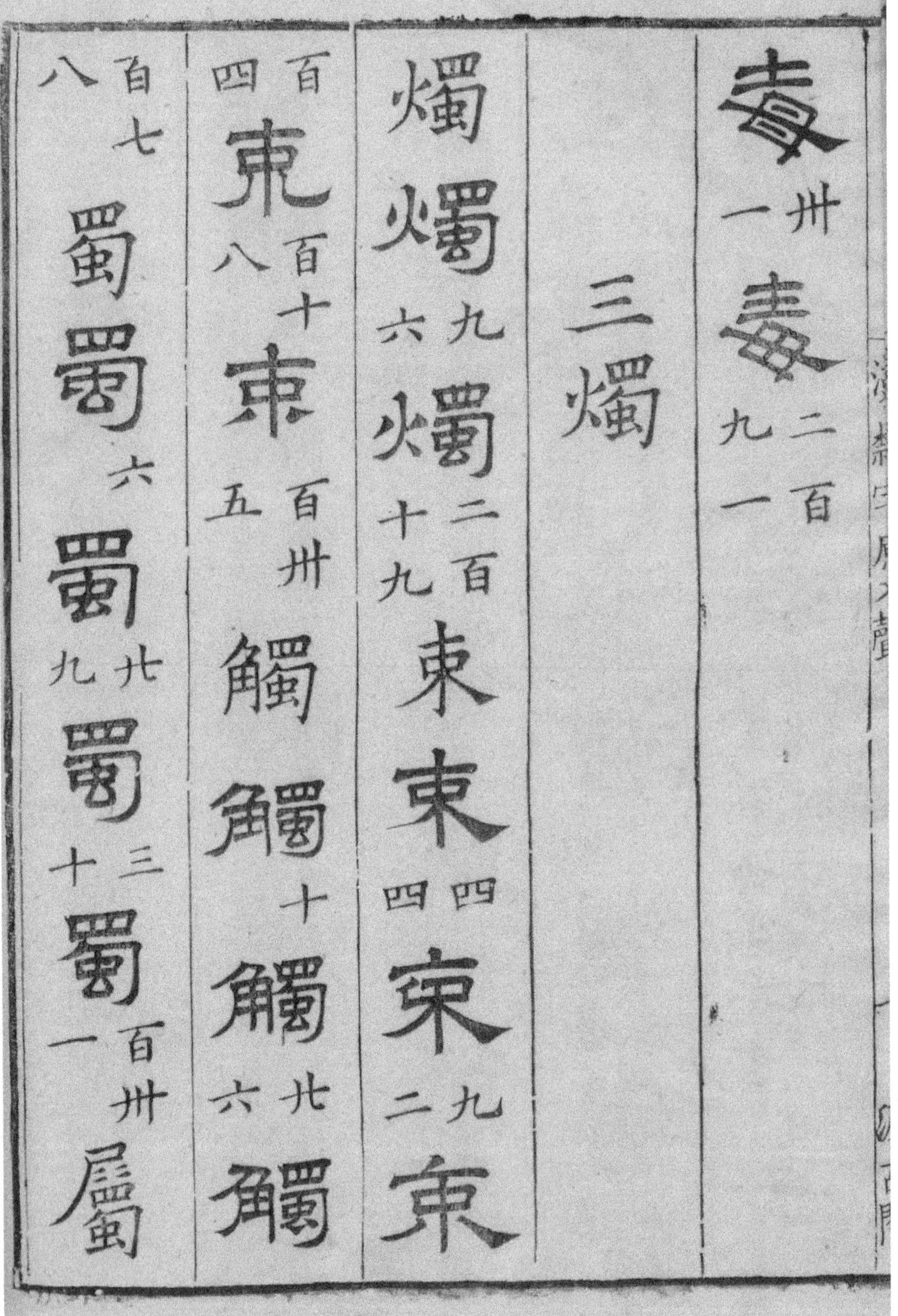

毒卌一毒二百九一

三燭

燭燭九六燭二百十九束四四束九二束

百四束百十八束百卌五觸觸十觸廿六觸

百七八蜀蜀六蜀廿九蜀三十蜀百卌一屬

屬一 屬二 屬十三 屬二十 屬廿一 屬卅三 屬

六五 屬六九 屬八十 屬百十五 屬二百卅一 贖 贖

六五 贖八五 贖百八五 辱 辱百四二 辱百七八 粟

粟卅三 粟九二 粟百八一 促卅三 促五七

足十五 足二十 足廿六 足七九 足九二 足

漢隸字源入聲 汲古閣

續百八三續卅五續四八續六三續八三藚
藚百卅九俗俗一俗五俗二十俗六五俗七二
俗七五録録四一録八三録百九逯逯十九
逯九八欲欲三欲六欲二十欲卌三欲五十
欲七四欲七八欲二百八七浴浴六二曲曲五

曲廾一曲百四曲百卅九曲二百九一玉玉十玉
六六玉百六玉百卅三玉周公禮殿碑丨衡失統即玉字獄獄
廾三獄四三獄百七九獄二百九一

四覺

角角二角廾五角九十角九八角百二角

百五四 桷 桷 十 権 權 七九 較 較 七九 確

確 九七 礭 鄭烈碑秉丨然之大節即確字 埆 埆 北一 學

學 五 學 四五 學 百四 學 百六 學 百十五 學 百四二

渥 渥 百七九 屋 堯廟碑赫如丨赭義作渥赭 握 握 二

握 九二 握 九五 幄 幄 百七七 嶽 亦作岳 嶽 十二

嶽十五獄卅六獄四四獄七五嶽八九岳六九岳

七九剝五十剝八五剝八九剝百十九剝百六十

駮駮卅一樸樸九八朴朴六十朴碭孔

君碑蹈仁義兮履丨純義作朴雹雹百十八邈亦作藐邈

四九邈七五邈七九邈八六藐四三藐五一藐六五

籟百十二 籟百八五 朔 朔二 朔卅七 數 數

百四四 數二百九二 琢 琢卅九 涿張公神碑刊鑿丨磨義作

琢磨 卓 卓卅一 卓四五 卓百二 涿 涿七 涿

百七 涿二百卅一 逴 逴七 逴四九 濁 濁十五 濁

卅一 濁百四 濯 濯三 濯百二 擢 擢六十

擢 二六

五質

質 貭四 貭卄一 貭五十 質六五 貭百四 瓆

馮緄碑大原太守劉丨漢書作質 騭 騭二百卅一 蛭 蛭卅一

失 失一 失卅五 夫五十 失五七 失九二 共九九

室 室五 室十五 室廿七 室卅八 室五七 室

六十 室七二 室八十 室百六 室百十五 室百六一 室

孔廟後碑牆域庫丨義作室 實 實二十 實廿一 實廿七

實五七 實六九 實八五 實百八五 日 日一

日二十 日廿九 日百四 率通作帥 率一 率三

卒八卒十五卒廿三衛十九六帥三帥四一帥

譙敏碑丨下惟約義作帥帥五十帥六十蟀蟀百卅九悉

悉二悉四九悉六七膝膝五五七七二

七十二七卅八七二百二十孔廟置卒史碑元嘉三年三月廿丨

日袁君碑有丨國之謀義皆作七ナ永初丨年官盭七字官字皆反来新莽

候鉦重五十丨斤釋云說文桼象形如水滴而下賈山云桼塗其外是也而漆枲絺紵椅桐梓漆之類經傳已多借用至今反以桼為古字漆沮之漆卻有省其水者韓勑碑書漆作渿此云重五十丨斤者隸法小變也太玄經梲擬之二漆又云運諸桼政則漆桼與七西都亦通用矣吳天璽年國山碑云神女告徵表祥者世有桼唐裴談司刑寺佛跡碑云長安貳秊漆匨夫豈無據乎數自壹貳至于玖拾莫非假借獨柒字鄙俗無它訓若倣古

而用漆桼豈不韻勝哉

漆 漆 七 疾 疾 卅五 疾 四六

疾 疾 五七 疾 六十 疾 六四 疾 六五 疾 六九 疾 七二 疾

八十 疾 九八 疾 九九 疾 百六 疾 百五 疾 百十五 疾 百卅八 疾

二百九一 嫉 嫉 百九 必 必 十五 必 十八 必 卅一 密

郭旻碑洪纖丨舉義作必 畢 畢 十 畢 六六 畢 百四 蹕

俾 魏大饗碑乃備丨御義作踝

匹 匹 四九 匹 六四 匹 百十二

匹 百十九

比 比 八五

佖 佖 四五

泌 泌 卅六

謐 謐 四二

筆 筆 五八

筆 九八

筆 百十五

筆

二百五

弼 弼 卅六

弼 四二

弼 六七

弼 七一

弼 二百

廿七

𨋩 景君銘宜參鼎丨字書無此字按孟子入則無法家拂士史記夏紀予即

辟女匡拂予漢書東方朔傳拂主之邪此借用拂字取輔拂之義

密 密一

宻二 密八四 室 室九 銍 銍卅九 秩

秩二 秩二一 秩四二 秩五十 秩六五 秩百四 姪

姪九五 栗 栗七一 慄 慄卅三 慄卅五 慄卅六

慄六五 溧 溧卅九 暱 暱九二 逸 逸十五

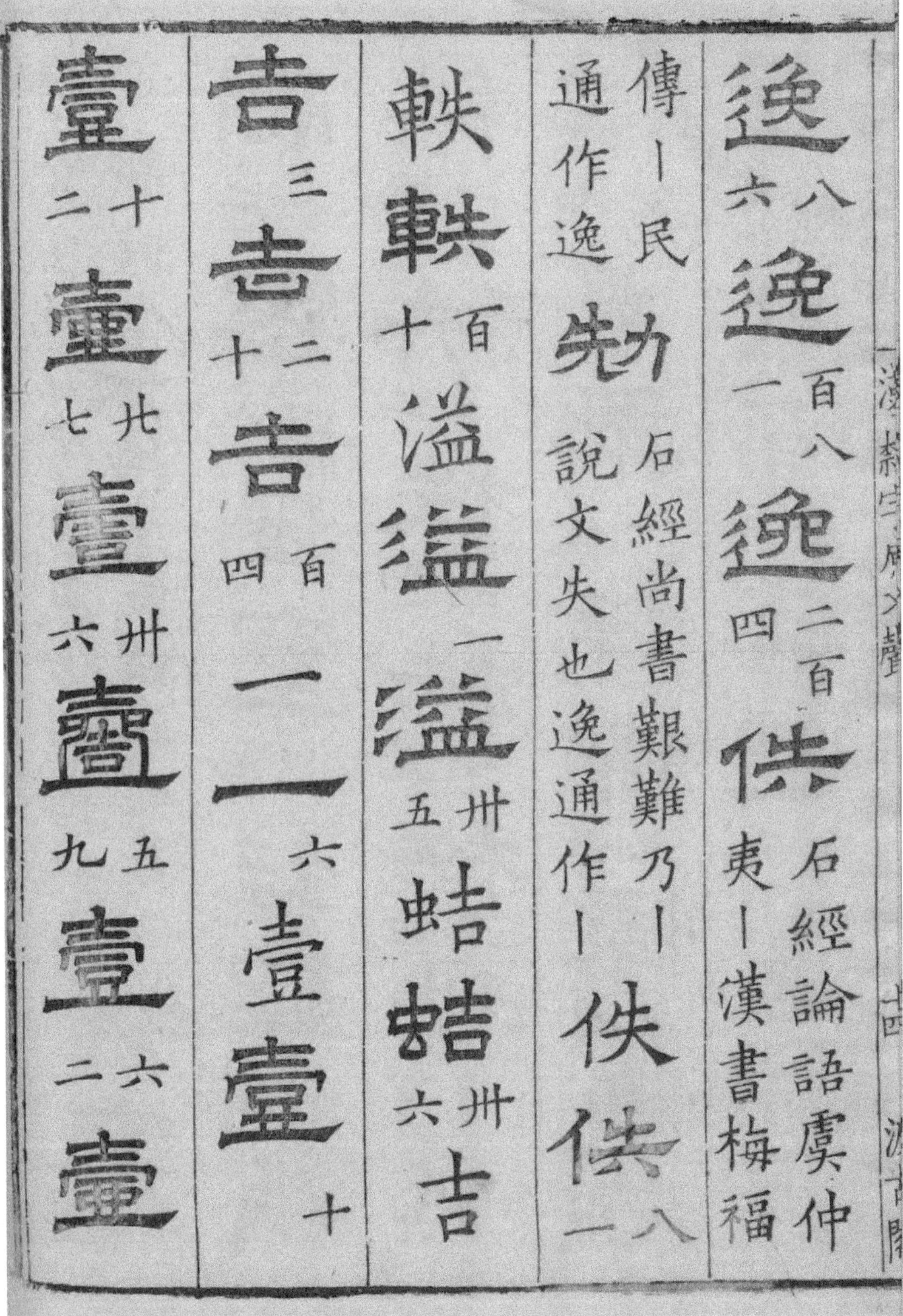

逸 八六 逸 百八一 逸 二百四 佚 石經論語虞仲夷丨 漢書梅福傳丨民 通作逸 劮 石經尚書艱難乃丨 說文失也逸通作丨 佚 佚 八一

軼 軼 百十 溢 溢 一 溢 卅五 蛣 蛣 卅六 吉

吉 三 吉 二十 吉 百四 一 一 六 壹 壹 十

壹 十二 壹 北七 壹 卅六 壹 五九 壹 六二 壹

百六一 乙 乚 六 乚 九十 乙 二百九 乚 巴官鐵盆銘丨

已與亻亩皆反書

六術

術 術 廿四 術 五十 術 五八 術 六九 術 七十 述

唐君頌耽樂道丨義作術 述 十五 述 二十 述 六九 述

八五 述 百四 述 百九 述 百九五 術 靈臺碑陰州里稱丨樊敏碑臣子褒丨刊石勒銘義皆作述 術 堯廟碑歌丨功稱義作述 出 出

一 出 四 出 十五 出 廿七 出 卅六 出 四一 出 四四

出 五八 出 九四 恤 亦作卹 恤 四一 恤 四四 恤 八五

恤 百四六 卹 四二 卹 百五十 戌 戌 五 戌 九八 卒

終也

卒二十 卒廿一 卒七十 卒七二 卒七七 卒八五

卒百四 卒百四一

𣨛 𣨛劉衡碑二月戊午丨說文大夫死曰丨通作卒集韻云暴終也

黜 黜七五

絀 絀四一 絀五八

絀六九 絀百十一

怵 怵九六

律 律卅八 律百二

律六四 律七五

聿 聿廿五 聿百卅九

鴪 鴪

八六

七櫛

櫛櫛百七八瑟瑟七

八勿

勿勿百卅九勿百五二勿二百八七物物一物

廿一物卅五物七二物七九拂拂六九髴髴

十一髴百八十佛馬江碑皇神仿丨漢書李尋贊仿丨一端與髴同

弗弗十三弗十七弗五十弗七九弗九二紼

紼一紼八十紱紱四十紱紱五七紱五八

紱七二紱繁陽令楊君碑投丨如遺義作紱紱高陽令楊君碑醳榮

投丨義作絨 絨 碭孔君碑印丨義作絨 紼 堯廟碑印丨相承李翊碑

釋丨義皆作絨 芾 芾 九四 咈 咈 二百五 屈 屈 二十

屈 卅六 屈 七二 詘 詘 六五 詘 九二 詘 九九 鬱

鬱 卅六 鬱 百七八 蔚 蔚 北七

九迄

迄 迄五 迄八十 迄百七四 乞 乞十四 乞北七

乞四二 乞七九 乞八三 乞百二 訖 訖百四四

十月

月 月一 月七 月三十 月四十 月六五 月百四

月百卅九 月百四五 越 越七 越十一 越北七 越

卅七越四四越八六越九六越百六八越百八十越

二百廿鉞鉞廿八曰曰一曰三曰十三曰

十五曰百六曰百卅八粵粵四一粵六三粵九九

粵百七五粵百八二粵二百十五闕闕三闕

百廿九闕百八十厥厥一厥三厥二十厥四九

厥七九厥八五厥百二厥二百廿七蹶蹷卅六

竭竭七竭十三竭卅一竭四一竭七五竭

八十謁謁十謁廿三謁四二謁四九謁五十

謁七九謁九二謁二百九二髮髮四九髮八一髮

百十四髮百十九髮百八十發發一發卅六發

六九 發 九二 發 百六 伐 六九 伐 九五 伐 百四一

罰 罸 四一 罸 六七 罸 九二

十一沒

沒 浸 十八 沒 卅五 沒 六四 没 八十 浸 八六 歿

歿 三 歿 五十 歿 六十 歿 八一 歿 八三 歿 八五 歿

九七殁百十五殁百七八㱼二百九一勃勃十三勃四二

勃四四勃百十五勃二百九五渤渤北二窣罕

十三卒兵卒也卒六卒十三卒二百九一突

窔四二窔八四忽忽五十忽七十曶樊敏碑奄

丨臧形說文引春秋傳鄭太子丨骨骨四骨四四骨百七八

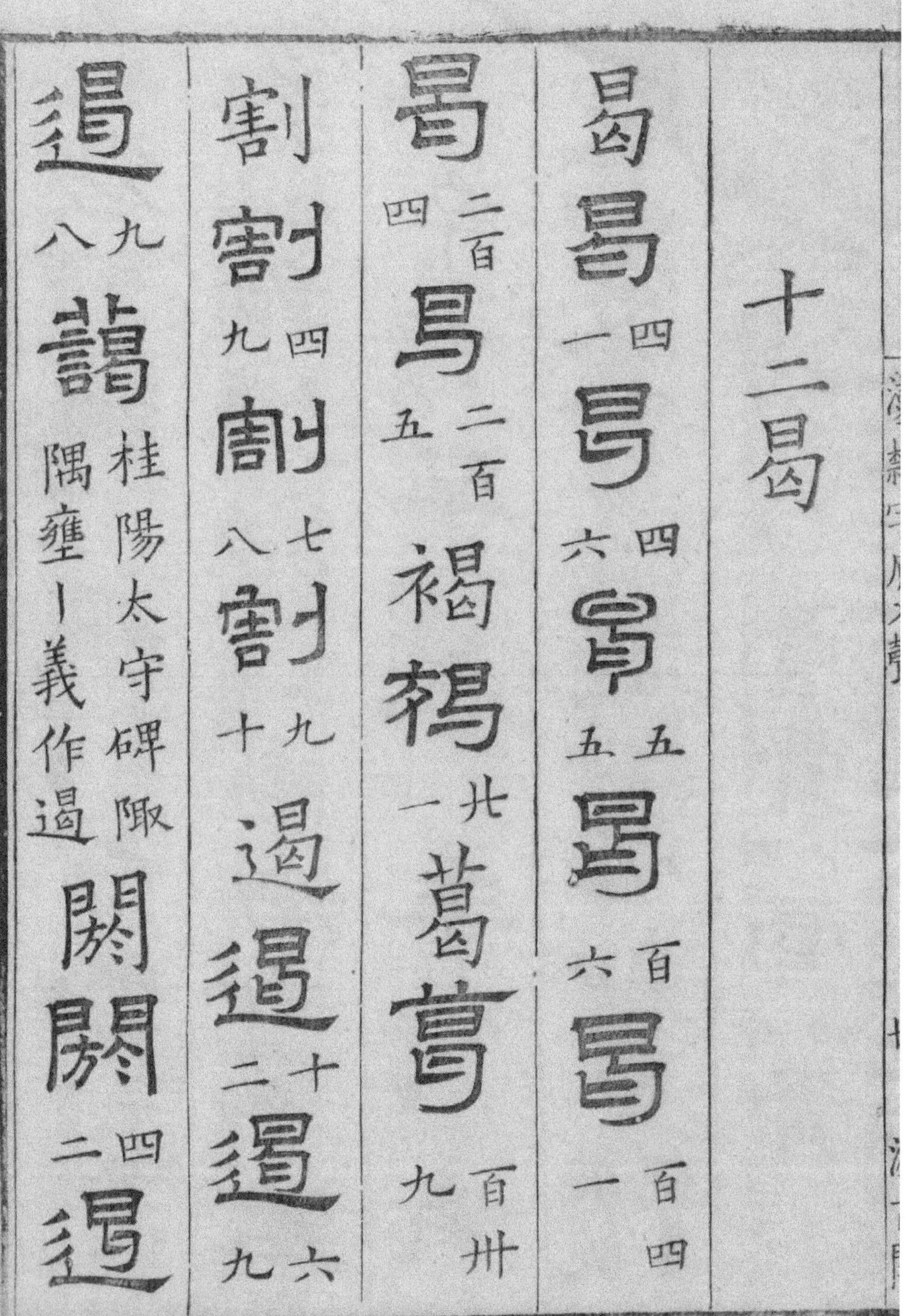

十二曷

曷曷四一曷四六曷五五曷百六曷百四一

曷二百四曷二百五褐褐北一葛葛百卅九

割割四九割七八割九十遏遏十二遏六九

遏九八藹桂陽太守碑陬隅壅丨義作遏閼閼四二遏

陳球碑當周盛德有虞丨父按春秋左氏傳虞閼父爲周陶正今作丨父蓋借用

頞竇 馮君開道碑蹴丨即竇頞字 怛怛 卅六 怛 七二

怛 九二 怛 九八 闥闥 九二 達 十二 達達 十五

達 百廿五 達 百四三 達 二百四 糲糲 八一 糲 九九

捺捺 四一

十三末

末 末卅九 末四一 末百二 末百十五 末百十九

沫 沫十八 活 活百七八 栝 括百六八 栝

栝四九 撥 撥八十 撥百七八 跋 跋八三 拔

耿勳碑丨涉草止義作跋 撮 撮六九 撮七九 剟 剟五七

脫脫十九
奪奪五十

十四點

黠黠五十
滑滑九九
猾猾卅九
猾猾六十

猾九二
猧百四四
八八二
儿三
丷丷六二
儿七八

拔抜四二
抜四四
抜四九
抜七四
殺殺廿一

殺百二殺百四二殺百五三察察二察六察

四一察七二札札廿一

十五轄

轄亦作鎋鎋祝睦後碑七政館丨義作管轄

十六屑

屑 屑十一 屑十三 切 切十六 竊 竊六二

竊七五 節 節五 節七 節九 節二十 節

卅七 節五十 節七八 節百十五 節百五三 截

截卅一 截八五 亂度尚碑丨彼海外績莫匪嘉即截字 鐵 鐵

三十 耋 耋九七 姪郭究碑耆丨士女義作耋 經 經

百三跌跌百四迭迭三迭十二涅涅百十

涅百六八涅百七八頡頡十二挈挈卅九挈

百七九結結四九潔通作絜絜十三絜十七絜

卅九絜四一絜七二絜百十八絜百四二絜武斑

碑志丨羔羊用通作字

㛃魯峻碑樂灌園之丨緐陽令碑丨己吕仕范鎮碑丨

擬季文即絜字

齧 齧 廿三 穴 穴 八六 血 血 三

闋 闋 九二 闋 二百四 闋 二百九一 玦 玦 廿一 譎

譎 八五 譎 楊震碑陰南陽董仲丨即譎字 決 決 十五 決 卅六

蔑 蔑 五五 蔑 八三 蔑 六二 蔑 九七

十七薛

薛 薛七 薛八 薛十一 薛八三 薛百八五

紲 紲四二 泄亦作渫 泄五七 泄六八 渫十八

雪 雪十四 雪六二 雪百十八 絕 絕十六 絕二十

絕四二 絕五十 絕八十 絕八三 絕百十五 𢇍

袁良碑傳國三卋至王莽而丨丨 𢇍苑鎮碑

漢書丨者不可復屬古絕字 繼位即丨丨

倫即絕字設設二設十二設卅三設五十設六十

設百十九折折六九折二百十九舌舌五七舌

九九說說四四燤燤卅一哲亦作喆括

十七括四六括五十括五六括百八三喆北六喆四九

喆九六嚞二百四徹徹百五二列列一列

七二列百四列百十五烈烈五烈十六烈六二烈

六九烈八四裂裂八五輟九六輟百四二悅

悅一悅十七悅卅一悅卅三悅百十七戚戚三

缺缺七八傑傑百二傑二百卅一桀是邦雄丨碑按

史漢豪丨竝作丨注云與傑通桀桀四桀百五三碣碣

四九孽九九孽百七四孽百七七孽滅滅六五

滅百七八滅靈臺碑興丨繼絕驕氏鏡銘胋虜殄丨皆省文詩赫赫宗周褒

似丨之別別卅二別四四別八六

十八藥

藥藥卄三躍躍七二礿礿百十九爍

灓七九 縛 縛卅三 削 削十五 肖七五 爵

爵一 爵十 爵四四 爵五一 爵七二 爵百四

爵百六 爵 玄儒婁先生碑爵作丨猶帝堯碑繼作𢇍校官碑剗作戔皆省文也說者謂校官碑親取寶智劉熊碑寉鳴一震皆蒙下文從省此碑省爵為丨楊孟文碑省斜為余騶氏鏡銘省金作竟又皆非蒙上下文也 嚼 嚼七五 嚼

嚼 四一

鑠

鑠 四四

鑠 六五

鑠 七三

爍 魯峻碑令德孔丨義作鑠

爍 郭究碑於丨我君義作鑠

灼

灼 廿八

旳 魯峻碑㬇

矣丨丨三字俱易以日

勺

勺 二百卅一

酌

酌 四九

酌 百九九

綽

綽 七九

綽 百十七

杓

杓 卅一

弱

弱 三十

弱 卅六

弱 五十

若

若 一

若 卅一

若 卅五

若 七二

若八三 若百六 𦮃田君斷碑養善丨春陽按集韻與若同 略

略十七 略百十五 卻十 卻五八 約 約卅三

約卅五 約四二 約七八 約八十 約一百 約百十五 約

二百廿七 虐 虐卅一 虐七九 虐八五 虐九二 瘧

瘧百二

十九鐸

鐸鐸六八度度十三度二十度六九託

託七五託九八槖囊逢盛碑才亞后丨即項槖也柝

榨九六拓拓八六袥桐柏廟碑開丨神門無極山碑恢丨祠宮

義作拓洛通作雒洛四九雒帝堯碑名紀見乎河丨又諸碑稱丨

陽本作洛魚豢云漢火行忌水故去水作隹自光武後改爲雒字按史記秦紀東徙丨邑漢書五行志丨出書注與洛同

雒 卅六 雒 百四 雒 百二十

落 落 七三 落 七九 落 九六 駱 駱 竹邑相碑丨驛要請義作絡繹丁魴碑同

樂 樂 一 樂 二十 樂 七九 駱 駱 十三

駱 百六二 諾 諾 七五 博 博 卅三 愽 九二 博

百四二

愽 三百一 搏 搏 四二 泊 泊 六九 泊 七四

怕 祝睦後碑淵然深識怕丨然執守義作泊 薄 薄 二十 薄

六七 薄 九十 亳 亳 四一 莫 莫 一 莫 三

莫 二十 莫 卅三 莫 三十 莫 四一 莫 五六 莫 六五

莫 百十九 幕 幕 百六八 漠 漠 八一 鏌

鏌九五索索百七七索二百三三錯錯十三錯二十

錯七五作作一作十三作廿六作四十作五六

作七九作百四作百卅一作百卅八作百九二作二百八八

酢酢六十鑿鑿五鑿廿五鑿卅一鑿卅五

筰筰蜀郡辛通達李仲曾造橋碑造此筰｜橋按說文筊也一說西南夷尋

以渡水益州有笮橋此碑今在雅州即蜀
郡也但今字从艸而不作竹漢碑通用

鶴 隺 見下平聲㕡字下 貉 貉 四一 郝 郝 二百

卌三 各 各 十三 各 四一 各 百卌八 閣 閣 廿九 閣

卌三 惡 惡 卌一 惡 七二 惡 八五 諤 諤 百八四 愕

鄭固碑犯顏謇丨義作諤 鄂 熊君碑臨朝蹇丨義作謇諤 鄂 費汎碑蹇

丨質直義作諤

噩 詻 殽阬君神祠碑作丨之歲漢書天文志歲在酉曰作丨爾雅作噩

愕 鄂 景君碑京師丨驚義作愕

鄂 鄂 百六二

鄂 百八一 鄂 二百廿七 郭 郭 六 郭 十五 郭 十九

郭 四十 郭 七九 郭 八六 郭 百五二 郭 二百四 郭 二百

卌一

槨 郭 孫叔敖碑將無棺丨義作椁

二十陌

陌佰丁魴碑疇佰丨義作陌佰佰張表碑兼才丨知高朗令蟎說

文云丨相什佰也魄魄百十九百百一百廿九百

七二百八八百百卅九百二百二伯伯一伯百十五

伯百廿五伯百卅八伯二百卅一迫迫二十迫四一迫

七三 迫 百四 柏 栢 一 栢 十三 柏 十七 柏 六九 白

白 卅四 白 四一 白 八六 帛 十二 帛 四四 帛

六六 帛 六八 帛 七一 宅 七 宅 四九 宅 百一 十

澤 十四 澤 三十 澤 卅一 澤 四一 澤 四九 澤

九二 睪 孫叔敖碑收九丨之利去水从省 擇 擇 三 擇 百七 八

擇百八三 翟翟二百卅一 赫赫赫三赫六十三 赫卅三 赫七三 赫九二 赫百四 客客四 客百卅五 格格十七 格卅一 格祝睦碑導濟以禮三載之後而民知遜有恥且丨此語雖與魯論不同殆亦借用 洛費鳳碑有耻且丨又丨于大荒皆不从木 假華山廟碑思登丨之道按集韻格至也或作丨 額

額四一 詻 詻十八 號 虢百十七 索 索四

索廿七 索百九五 窄 窄十三 窄十五 窄李翁碑隂

丨促迫即窄字 郤姓 郤百四三 戟 戟百七七 劇

劇八 劇四一 劇六一 劇九四 劇百六 劇百六五

劓二百七二 逆 逆十五 逆百八一

二十一麥

麥麦十四麦卅三脈脈卅六眽脉四一

策亦作筴筴三筴卅八䇿六五䇿七二䇿九八

𠕋百七九冊符命也亦簡冊通作策冊北六𠕁四九𠕋五六

𠕋百六八𠕋百八一責賷卅九幘幘百十二

賾

嘖 范式碑探丨研機即賾字 嘖 祝睦碑探丨窮神無物不辯與賾同

嘖 督郵斑碑丨意五業太玄陰陽所以抽丨也注云與賾同 擿 擿

十 擿 卅八 擿 九六 摘 摘 六二 覈 覈 廿七 覈

四四 核 核 五十 核 百二 隔 隔 百二 隔 百八一

鬲 鬲 楊孟文石門頌凡此四道埂丨无艱即鬲字 革 革 三

革卅八革四一革六五戹戹卌三戹八六阨

阸卅二阸七十獲獲二獲九獲十獲

十五獲卅九獲六四獲百六四獲二百十八畫畫

一畫九十戠國或斥彰長田君斷碑討丨畔夷即戠字

二十二昔

昔 昔一 昝二 昔卌四 昔七九 昔百十九 腊

腤四十 惜 憯六五 積 積五十 積七二 積楊君

石門頌造作石丨萬世之基義作積 迹亦作跡 迹四一 迹七八 迹八十

迹八五 迹百四 迹百六 迹百六二 迹百六六 迹

楊統碑勳丨藐矣莫與爭先即迹字 跡五八 踖 踖百四一 席

㕩 五 席 七二 席 九五 夕 夕 十五 夕 八一 穸

穸 五十 夕 孔宙碑窀夕不華春秋左氏傳注窀穸爲厚夜此直云窀丨

籍 籍 二十 籍 四四 籍 五六 籍 百三八 瘠 瘠

十五 脊 田君斷碑憔顇毀丨字書皆與瘠同 塉 土 塉 卌五 釋

釋 五八 釋 八十 釋 八六 釋 百六八 醳 楊著碑丨榮投黻石

門頌丨鄭即安景君碑農夫丨耒李翕碑丨
散闞之嶃潔皆以丨為釋按史記管蔡世家
楚圍鄭鄭降楚
楚復丨之音釋 適四九 適九五 適百十 尺
廾七 赤 赤一 赤三 赤十 赤十五 斥
庈八八 庈二百九一 隻 隻七八 摭 摭四四 炙
百五三 石 石一 石二十 石四一 石五九 石九二

祏
祏 十七
祏 百八六
碩
碩 十七
碩 七九
益
益 十
益 廿四
益 百廿二
益 百六三
繹
繹 百四
驛 竹邑相碑駱丨要請廿八義作絡繹丁魴碑同
掖
掖 廿一
掖 八四
亦
亦 廿二
亦 卅五
亦 卅六
亦 百四
亦 百四二
亦 帝堯碑丨孔禎純義作亦
奕
奕 百六二
亦 熊君碑丨世載德楊震碑

遠近由是知爲丨世繼明而出者義作奕 易 李翊碑其先出自其子之苗丨世載

德楊震碑奉遵先訓丨世不替夏堪碑丨世承系義皆作奕 弈 九八

弈 百五九 射 射 八五 譯 譯 一 驛 驛 二

場 易 楊統碑疆丨不爭詳見下平聲十陽疆字下 易 易

三 易 六 易 二十 易 十三 易 百四 蜴 蜴

百八一 役 役 十五 伇 廿七 𢓜 七八 役 百卌九 辟

辟 五 辟 四二 辟 五三 辟 五九 辟 六四 辟 七二 辟

八十 辟 百三 辟 百卌八 辟 二百五六 辟 史晨祠孔廟奏丨廱即辟雍

辟 堯廟碑呂君諸丨干祿于天義作辟 辟 袁良碑詔書丨義作辟

躃 辟 費鳳別碑諸姑咸丨踊義作躃

壁 辟 十三 辟 十五

壁五十壁百五三碧碧八二

二十三錫

錫錫四四錫四九錫五十錫七五錫百八二錫

二百十五晳晰百七九晰二百八九析析卅三析卅五

析四十析九二析魯峻碑丨薪義作析戚戚八戚

六五慼百十五五慼夏承碑君之羣丨義作戚慼郭仲奇碑貴丨肅承

莫不畏憚義作戚慼譙敏碑寮朋親丨義作戚慼慼五三慼

九五慼百十二績績卌二績卌六績六四績六五

績九二績鄘閣頌經記厥丨義作績寂說文或作家家

二十家四二壁辟卌三的的卌九惕惕十五

惕九六剔剔六九剔百八二狄狄百七九狄

百八一敵敵六三敵百七二迪迪四二迪六五迪

九九迪百卅八覿覿四九滌滌卅八歷歷一

歷三歷卅一歷卅二歷六九歷七一歷七二歷

九五厤蔡湛碑｜世卿尹有功王室菀鎮碑過郡｜縣即歷字說文厤治也

曆劉曜碑丨三縣令義作歷酈酈十七鬲鬲卅一

惄惄六五溺溺八一激激卅五激二百十九

激二百六五礉樊安碑慷慨丨憤即激字憿逢盛碑王升等感丨即激

字憿李翊夫人碑憤然丨應即激字擊擊卅六擊五六

擊六九擊七五轂百四四擊百七三

二十四職

職 職十二 職十五 職卅三 職四二 職四九 職

七九 識 樊毅脩華嶽碑周禮丨方氏當作職集古云其字畫分明非訛闕疑當時周禮之學自如此

織 織九四 識 識卅一 識百八三

識二百十九 飾 飾七 飾十五 飾九八 飾百七七

式 式八六 式百四 戓百五三 拭孫叔敖碑丨序在朝義作式
寔 寔十三 寔卅九 寔四二 寔四四 寔五十
寔百一 寔百二 寔百十一 寔百八二 殖 殖一
殖十五 殖卅一 殖四五 殖二百八五 稙李翕碑民呂貨丨義作殖
植 植二百卅一 食 食十 食十七 食四十

食四二食七八食八一食百卅九側側十七側

四八側百八三昊昊四十稷靈臺碑曰丨不夏郙閣頌劬勞曰丨

貴鳳碑乾〻曰丨按穀梁戊午日下丨乃克

葬集韻音昊說文日在西方時側也太玄君

子應以大丨釋者云稷辛通達造橋色

日將暮也音與昊同碑曰丨同上

色三嗇三嗇六七嗇百五八嗇百九一

穡 穡十五 穡廿六 穡百五 嗇陳球碑稼丨繁阜即穡字 嗇

石經尚書稼丨之艱石經魯詩不稼不丨即穡字 測 測一 測四九

惻 惻七五 惻九二 愳王純碑丨隱即惻字 愳碭孔君碑

丨隱即惻字 息 息十 息二十 即 即一 即六

即十三 即五六 即百卅八 即百八一 稷 稷三

稷十稷卄禝四九稷六九稷百四稷百四六

陟陟十七陟卄三陟六十陟六九陟百十六陟百十九

陟百七八敕集韻古从力或作勑勑七勑卅三

勑五八勑八四飭餝一餝十七餝卅一飭四五

飭七一直直五直二十直卅三直四五

亶六五　亶百卅八　亶張平子碑豈丨取植足於身中義作直

犆八三　力　力三　匿　匿二十　匿七八　匿八六

弋　弋百七六　翼一　翼卅九　翼七七　翼百七八

翊　翊卌二　翊八十　翊百七　抑　抑卅三　抑四一

抑九二　抑百七八　極　極一　極三　極六

極十七 極卅一 極四四 極百四 極百九 極二百九一 㠜

㠜四一 嶷八一 嶷九十 域一 域九 域卅一

域百六十 閾安平相孫根碑配哉九丨即域字 棫 棫百七九

閾 閾六十 閾八五 愊 愊廿五 逼 逼十二

逼十七

二十五德

德德三德卅九德四一德五九德六十德六四

德七二德百六德百卅一德百四二德二百八四德二百

八八悳鄭固碑丨能簡乎聖心即德字悳悳二十悳四九

悳五十得廿七得三十得卅二得八十得

百四二忒忒二忒張表碑糾剔咨丨即忒字慝慝

四九特特二特卅一特百十五特百九五犆

繁陽令楊君碑大司農劉佑丨復表列集韻特或作丨蟘蟘卌三貣

孫叔敖碑野無蟘丨義作蟘勒卅一勒卅六勒六十

勒六五勒七一勒七二勒百四勒百六北北十八

北 卌一 北 百廿二 踣 十八 墨 四五 墨

百十五 黙 默 六二 墨 孫叔敖碑其意常丨丨義作默 嘿

婁先生碑玄丨有成義作默 塞 塞 九二 則 鼎刂 卌八 則

七二 賊 賊 四三 賊 七五 賊 百四三 劾 劾 百八六

核 樊敏碑投丨長驅義作劾 黑 黑 十 黑 四一 克

克五 克十五 克卅三 克四二 克六三 克六五 克

七二 克七四 克八十 克八三 克九十 剋衡方碑丨長君

丨亮天功義作克 剋 剋六八 勊北海相景君碑攸丨不遺即剋字

刻 剋十三 剋廿一 剋廿三 剋卅三 剋四四 或

或二 或一四 或二十 或卅五 或五十 惑 惑九五

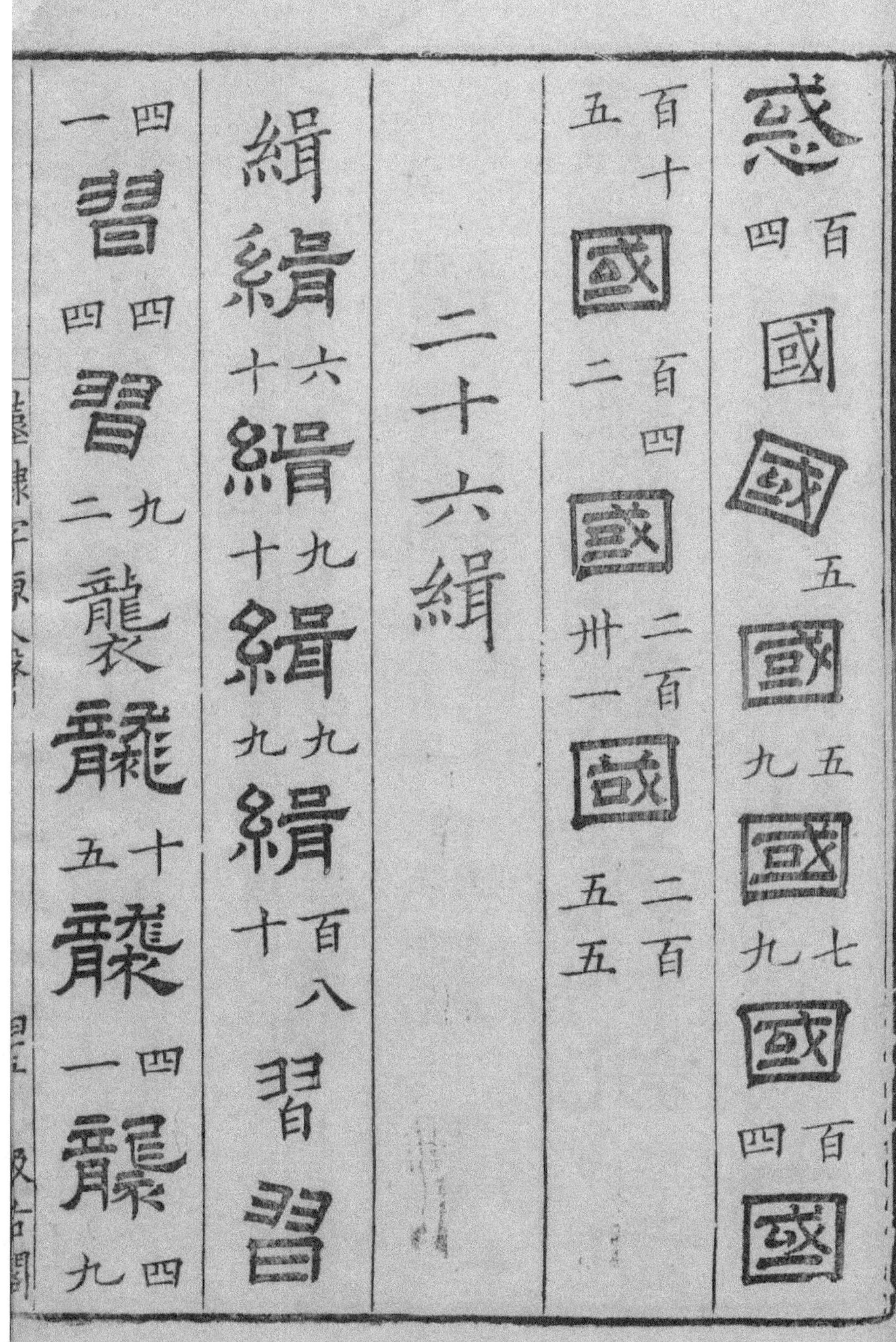

惑 百四 國 國 五 國 五九 國 七九 國 百四 國

百十五 國 百四二 國 二百卅一 國 二百五五

二十六緝

緝 緝 六十 緝 九十 緝 九九 緝 百八十 習 習

四一 習 四四 習 九二 龔 襲 十五 襲 四一 襲 四九

龖八六龖百七九集集一集十二集七十

集八三集二百十八輯輯卄八輯九四輯百八二輯

二百八二揖魏脩孔子廟碑丨五瑞書作輯濕濕八濕卄一

濕百六五執執十執十七執七十執七二執

八五執百四執百四二汁汁十十十一

十二百二 什 汁 王君平道鄉碑丨郝王卿義作什郝 拾 拾

北六 拾 卅一 入 入 三十 入 卅一 入 六九 入 九四 入

百二 四 澀 歮 楊君石門頌塗路丨難義作澀 戢 戢 八九

戢 九四 戢 百二 戢 百三 八 立 立 三 立 廿七 立 四二

立 五十 立 九二 立 二百卅一 揖 揖 四五 揖 百三 八 吸

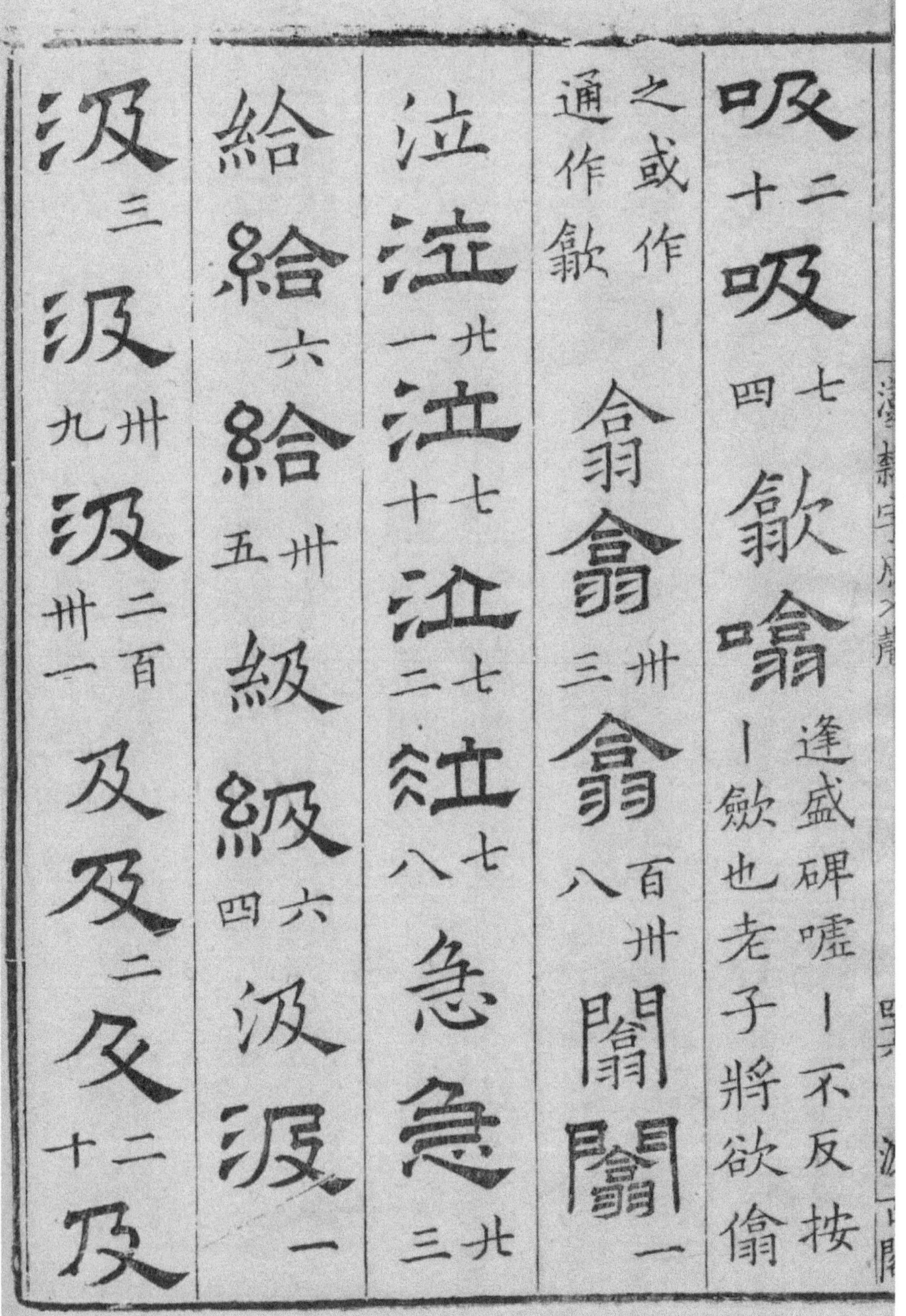

吸二十 吸七四 歙 噏 逢盛碑噓丨不反按丨歙也老子將欲翕之或作丨通作歙

翕卅三 翕 翕百卅八 闟 闟一

泣 泣北一 泣七十 泣七二 䇉七八 急 急北三

給 給六 給卅五 級 級六四 汲 汲一

汲三 汲卅九 汲二百卅一 及 及二 及二十 及

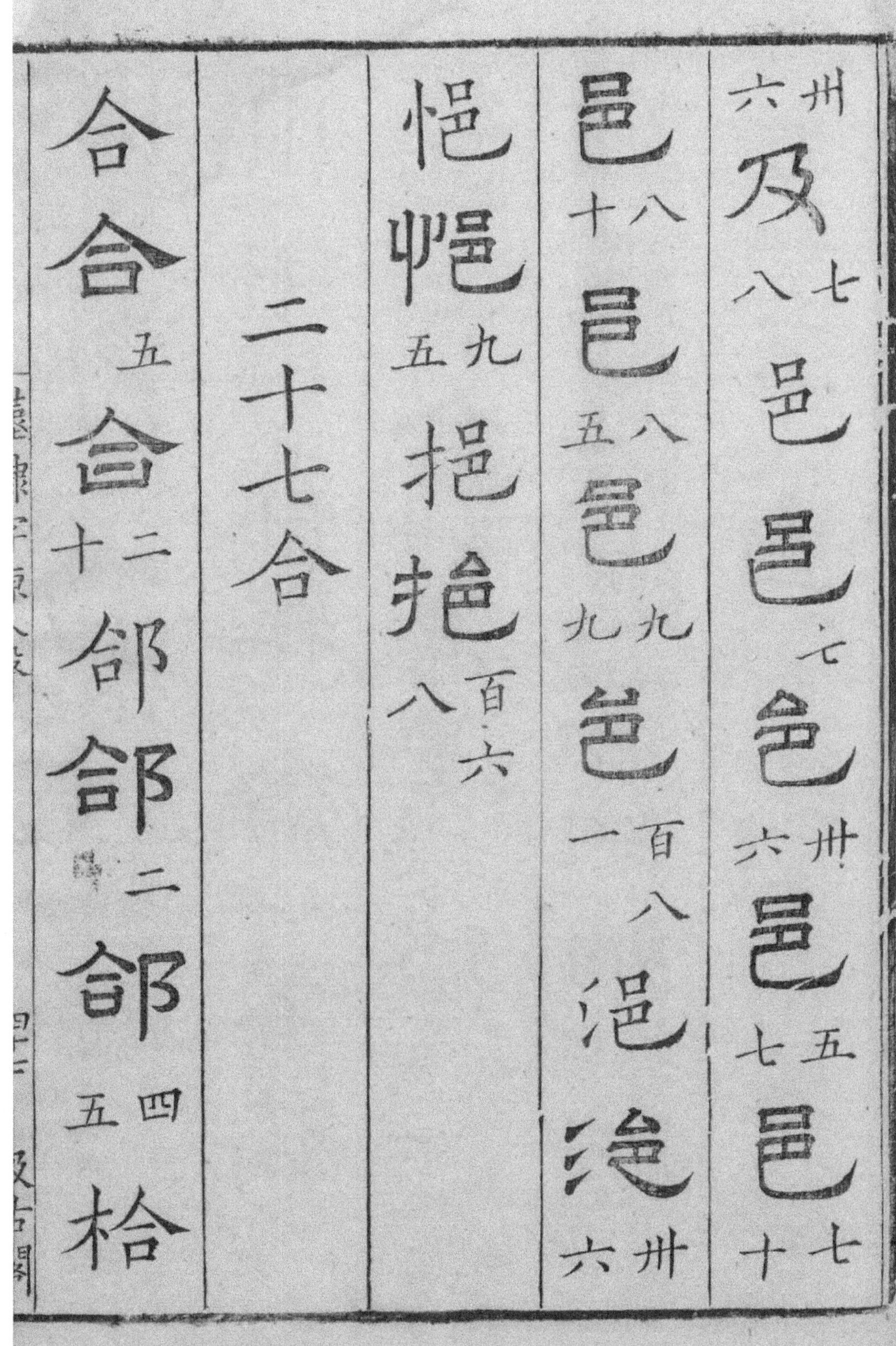

州六 及七八 邑 邑七 邑卅六 邑五七 邑七十

邑八十 邑八五 邑九九 邑百八一 浥 浥卅六

悒 悒九五 挹 挹百六八

二十七合

合 合五 合二十 部 部二 部四五 ⿰木合

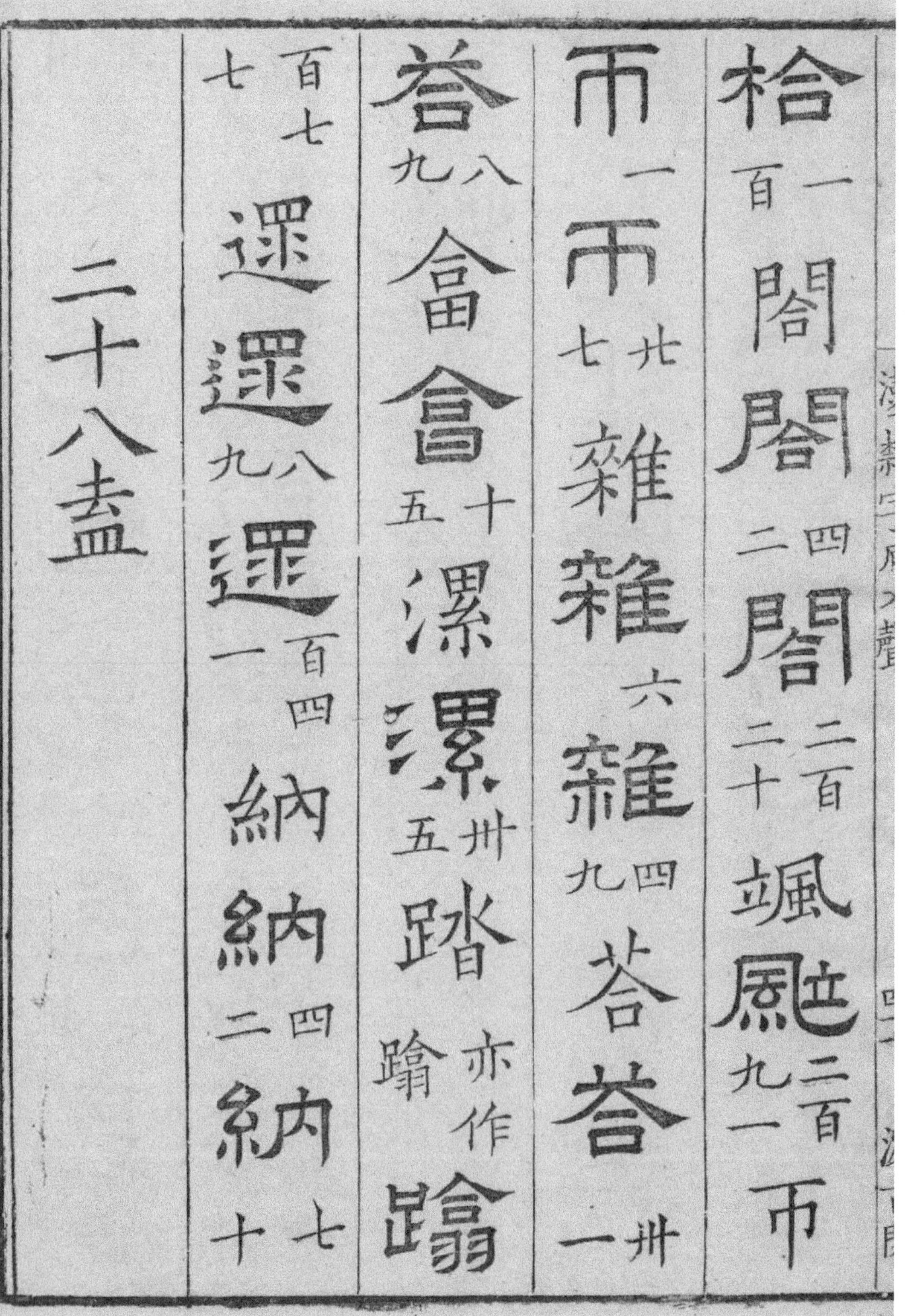

柗一百閤閤四二閤二百二十颯颯二百九一帀

帀一帀北七雜雜六雜四九荅荅卅一

荅八九畣畣十五漯漯卅五踏亦作蹹蹹

百七七遝遝八九遝百四一納納四二納七十

二十八畫

盍盇百四二闔闔廿三闔四二榻闒

盇郁脩堯廟碑地致墻堋石丨二坐按史記商君傳持矛而操丨戟音翕集韻㯓與榻同

盇借用

𦐇𦐇八四

二十九葉

葉葉十三葉五七葉七二葉八三葉九十葉

九八 葉 百十九 葉 郭輔碑ㅣㅣ昆嗣義作葉 鎑 鎑 廿六 鎑

六十 接 接 卅五 接 四四 接 七八 楫 楫 卅六 楫

百七六 楫 二百卅一 捷 揵 四二 攝 攝 廿三 攝 卅六 懾

攝 百四四 懾 帝堯碑屏ㅣ無位義作攝 讋 讋 百七七 懾

亦作慴 慴 四一 涉 涉 卅一 涉 卅三 涉 卅六 涉 八三 涉

八六涉百十八輒輒二輒十輒十二輒廿七聶

聶卅六聶百七聶二百卅一躡躡廿三

三十帖

牒牒六牒三十諜諜一疊疊六

疊四一墊墊四三協亦作叶愶一愶卅八

協四四汁帝堯碑祖濯以丨按爾雅西漢淮南子歲在未皆作協洽史記天官書作叶洽曆書亦作協洽又作丨洽樊敏碑歲在丨洽集韻丨光紀黑帝號則是丨即叶字無疑史晨碑云丨光之精即黑帝叶光紀也

俠侠十三侠卅二

燹夑百七四夑二百卅一

三十一業

業業一業三業四一業四二業四八業

五五業七三業八一業百五三鄴北一鄴一百鄴

劫刦百三五

三十二洽

洽洽四三洽百六給逢盛碑歲在協丨按歲在未曰協丨此借

用

㭘 㭘 音洽說文劒柙也譙敏碑恥與鄰人羼犇竝丨驅蓋言不與羣閹冠劒竝驅之意

陜 亦作狹 陜 十三 陜 徐氏紀產碑耕植丨少義作狹

狹 十五 狹 十七 狹 卅三 狹 百七八 夾 夾 百八 夾

百七七 俠 華山亭碑吏卒丨路義作夾 郟 任伯嗣碑丨河阻山義作夾

三十三狎

柙 柙卅三 甲 甲十二 甲北六 壓 廦八三

翣 蔞 祝睦碑遺令素襯丨蔞以席即翣字

三十四乏

乏 乏北一 法 浩七 法十六 法二十 法六七

灋 灋十三 灋北七

附字

諸碑字體偏傍及常用字韻所不能載者今見于此

十 說文數之具也寔入切

廿 說文二十并也音入

卅 說文三十并也與颯字同音

卌 四十也息入切

四字諸碑通用案史記載秦始皇凡刻石頌德之辭皆四字一句泰山辭曰皇帝臨位二十有六年琅邪臺頌曰維二十六年皇帝作始之罘頌曰維二十九年時在中春東觀頌曰維二十九年皇帝春游會稽頌曰德惠攸長三十有七年每稱年者輒五字非也嘗見泰山祠石本則書爲世有

六年及得史記舊善本皆用上四字此後人傳寫譌耳容齋隨筆固嘗辯之韓文公作孔戣墓誌銘曰孔世三十八吾見其孫亦皆四字一句獨上一句五字諸本皆然唯和州舊本作卅實皆四字句也

〻

重疊字不再作多作丨如今人書作⺀

广

廬江鴈門凡從广之字多作丨

巛 從水之字閒有作篆文者

䜌 凡䜌字頭多不作灬灬

乎命年 此三字垂筆或長過一二字

沈 交阯都尉沈君二神道沈字左字道字豊字豎筆皆長過三四寸許令字交字兩筆皆長君字中筆亦長

漢 王稚子二闕漢字故字先字靈字侍字河字內字縣字王字子字之字其筆皆長史字令字兗字兩筆皆長君字中筆獨長隸釋謂沈君神道馮煥王稚子闕皆八分書張懷瓘所謂作威投戟騰氣揚波者也

犍 郡名犍爲牂牁下郪蒲坂黎陽偃師聞喜聊城穀城漢碑皆作犍爲牂柯下圭蒲反棃陽匽師聞憙聊成穀成已著各韻下今聚見于此